ENSINO FUNDAMENTAL

# GEOGRAFIA

## 8º ano

**Coleção Eu gosto m@is**

1ª EDIÇÃO
SÃO PAULO
2012

**IBEP**

Coleção Eu Gosto Mais
Geografia – 8º ano
© IBEP, 2012

| | |
|---:|:---|
| **Diretor superintendente** | Jorge Yunes |
| **Gerente editorial** | Célia de Assis |
| **Editora** | Silvia Ricardo |
| **Assistente editorial** | Renata Regina Buset |
| | Felipe Roman |
| | Erika Domingues do Nascimento |
| **Texto-base** | Amarildo Diniz |
| **Revisão** | André Tadashi Odashima |
| | Berenice Baeder |
| | Luiz Gustavo Bazana |
| | Maria Inez de Souza |
| **Coordenadora de arte** | Karina Monteiro |
| **Assistente de arte** | Marilia Vilela |
| | Tomás Troppmair |
| **Coordenadora de iconografia** | Maria do Céu Pires Passuello |
| **Assistente de iconografia** | Adriana Correia |
| | Wilson de Castilho |
| **Ilustrações** | Daniel Ramos |
| **Cartografia** | Mario Yoshida |
| | Maps World |
| | Conexão Editorial - Equipe |
| **Produção editorial** | Paula Calviello |
| **Produção gráfica** | José Antonio Ferraz |
| **Assistente de produção gráfica** | Eliane M. M. Ferreira |
| **Projeto gráfico e capa** | Departamento Arte Ibep |
| **Editoração eletrônica** | Conexão Editorial - Equipe |

**CIP-BRASIL. CATALOGAÇÃO-NA-FONTE**
**SINDICATO NACIONAL DOS EDITORES DE LIVROS, RJ**

D61g

Diniz, Amarildo
    Geografia, 8º ano / Amarildo Diniz. - 1.ed. - São Paulo : IBEP, 2012.
      il. ; 28 cm     (Eu gosto mais)

    ISBN 978-85-342-3438-2 (aluno) - 978-85-342-3442-9 (mestre)

    1. Geografia - Estudo e ensino (Ensino fundamental). I. Título. II. Série.

12-6437.     CDD: 372.891
                 CDU: 373.3.016:9

05.09.12  19.09.12                                      038847

1ª edição – São Paulo – 2012
Todos os direitos reservados

Av. Alexandre Mackenzie, 619 - Jaguaré
São Paulo - SP - 05322-000 - Brasil - Tel.: (11) 2799-7799
www.editoraibep.com.br      editoras@ibep-nacional.com.br

# Apresentação

Estudar Geografia nos possibilita compreender o espaço em que vivemos e perceber as transformações que ocorrem ao nosso redor.

O conhecimento geográfico é importante para a formação e o desenvolvimento de uma sociedade melhor!

Nesta coleção, você estudará o espaço geográfico, suas características físicas, socioeconômicas e culturais. Vai estudar também as intervenções que a sociedade exerce sobre a natureza e como as nossas atitudes podem influenciar o lugar onde vivemos.

Bom estudo!

# Sumário

**Capítulo 1 – Distribuição, Crescimento, Estrutura Etária e Terceira Idade** ................ 9

A distribuição geográfica da população ................................................................. 10

    População absoluta ............................................................................................ 10

    A população relativa ........................................................................................... 10

    Atividades ............................................................................................................ 11

    A distribuição da população ............................................................................... 11

    Atividades ............................................................................................................ 13

O crescimento populacional .................................................................................... 15

    Como a população cresce? ................................................................................ 15

    O crescimento demográfico no mundo .............................................................. 16

    O crescimento da população brasileira ............................................................. 17

    Atividades ............................................................................................................ 18

    A estrutura etária da população ......................................................................... 20

    Atividades ............................................................................................................ 24

**Capítulo 2 – Trabalho, Desigualdade Social, Educação e Saúde** ........................... 29

Estrutura econômica e trabalho .............................................................................. 30

    O trabalho nos três setores da economia ......................................................... 30

    Atividades ............................................................................................................ 31

    O mercado de trabalho ....................................................................................... 32

    Atividades ............................................................................................................ 34

Infância e adolescência no Brasil ............................................................................ 37

    Desigualdade social ............................................................................................ 37

    Atividades ............................................................................................................ 40

    Educação ............................................................................................................ 42

    Atividades ............................................................................................................ 43

    Ministério da Educação divulga notas do Ideb .................................................. 44

    Saúde .................................................................................................................. 45

    Atividades ............................................................................................................ 48

**Capítulo 3 – Migrações, cidades e problemas urbanos** .......................................... 52

Migrações .......................................................................................................... 53

    Imigrantes que vieram para o Brasil .............................................................. 53

    Atividades ..................................................................................................... 57

Migrações internas ............................................................................................ 58

    Atividades ..................................................................................................... 59

Êxodo rural, urbanização e industrialização ...................................................... 61

    Atividades ..................................................................................................... 61

    O meio urbano ............................................................................................. 62

Metropolização ................................................................................................. 63

    Metrópoles globais ...................................................................................... 63

    Conurbação e regiões metropolitanas ........................................................ 63

Rede hierárquica de cidades no Brasil .............................................................. 66

Sítio urbano ...................................................................................................... 68

Funções das cidades ........................................................................................ 68

    Atividades ..................................................................................................... 68

Crescimento desordenado e exclusão social .................................................... 70

    Moradia ........................................................................................................ 71

    Atividades ..................................................................................................... 72

    Atividades ..................................................................................................... 75

    A vida da dona Adelaide .............................................................................. 77

**Capítulo 4 – Diversidade: etnias, mulheres, homossexuais e pessoas com necessidades especiais** ............................................................................. 80

A desigualdade étnica ...................................................................................... 81

    Composição étnica ...................................................................................... 81

    Medidas de ação *afirmativa* ...................................................................... 82

    Comunidades remanescentes de Quilombos .............................................. 82

    Atividades ..................................................................................................... 83

Povos indígenas .................................................................................................. 84

    Atividades ....................................................................................................... 86

Mulheres: a desigualdade de gênero ............................................................. 90

    A situação da mulher no Brasil ...................................................................... 91

    A violência contra a mulher ............................................................................ 91

    Atividades ....................................................................................................... 92

Pessoas com necessidades especiais ............................................................ 96

## Capítulo 5 – Globalização: o mundo acelerando ............................... 99

O expansionismo europeu ............................................................................... 100

O mundo do século XX e a alta tecnologia ................................................... 101

    A tecnologia e o "encolhimento do mundo" .................................................. 101

    O que é globalização? .................................................................................... 102

    Atividades ....................................................................................................... 140

    As redes materiais e imateriais ...................................................................... 106

    Atividades ....................................................................................................... 107

Capitalismo globalizado .................................................................................... 109

    Estrutura das transnacionais .......................................................................... 110

    Atividades ....................................................................................................... 111

    Atividades ....................................................................................................... 113

## Capítulo 6 – Blocos econômicos internacional e comércio ............... 114

Comércio internacional, blocos e OMC ........................................................... 115

    Vantagens e desvantagens dos blocos ......................................................... 116

    Atividades ....................................................................................................... 116

    União Europeia: o bloco mais poderoso do mundo ...................................... 117

    NAFTA .............................................................................................................. 118

    Mercosul .......................................................................................................... 119

Comunidade Andina ......................................................................................................... 119

UNASUL .......................................................................................................................... 119

APEC ............................................................................................................................... 119

União Africana ................................................................................................................. 119

Atividades ........................................................................................................................ 120

As transnacionais e o trigo .............................................................................................. 122

As transnacionais e o alumínio ........................................................................................ 123

## Capítulo 7 – Serviços culturais e tecnologia da informação ..................... 127

Rompendo o isolamento ..................................................................................... 128

Distribuição dos meios de comunicação e censura ........................................... 128

Corporações de mídia ........................................................................................ 129

Algumas corporações da mídia ......................................................................................... 129

Atividades ........................................................................................................................ 131

Meios de comunicação de massa ...................................................................... 132

Televisão, território e desigualdade ................................................................................. 132

Computadores e internet ................................................................................................. 133

Atividades ........................................................................................................................ 135

## Capítulo 8 – A Nova Ordem Multipolar ........................................................ 139

A ordem bipolar (1945-1991) .............................................................................. 141

A bipolaridade dividindo nações ....................................................................................... 143

Atividades ........................................................................................................................ 144

A crise do bloco soviético ................................................................................................ 145

A geopolítica do século 21 ................................................................................. 146

Atividades ........................................................................................................................ 148

Nacionalismos, separatismos e fundamentalismo religioso .............................. 149

A escalada do terrorismo ................................................................................................. 150

Estados Unidos: a potência dominante ............................................................................. 151

ONU e o Conselho de Segurança ..................................................................................... 152

    Atividades ..................................................................................................................... 154

## Capítulo 9 – Um mundo desigual .............................................................. 159

Os critérios para classificar os países ............................................................................. 160

    O IDH .............................................................................................................................. 161

    Atividades ..................................................................................................................... 161

Países ricos e pobres no mundo atual ............................................................................ 162

    Países ricos .................................................................................................................. 163

    Países pobres .............................................................................................................. 163

    Atividades ..................................................................................................................... 165

    Migrações internacionais ............................................................................................ 167

    Atividades ..................................................................................................................... 169

# Capítulo 1
# Distribuição, Crescimento, Estrutura Etária e Terceira Idade

A população mundial é superior a 7 bilhões de pessoas e a brasileira tem mais de 190 milhões de pessoas. Vamos conhecer as características da população, como ela cresce, se distribui, a estrutura etária, entre outros aspectos. Além disso, iremos discutir as características e o comportamento da população brasileira.

Somos mais de 7 bilhões de habitantes no planeta. Nos países ricos a taxa de natalidade é baixa, e nas nações mais pobres a população cresce aceleradamente. Provavelmente, a solução para o problema seja mais saúde e educação para toda a humanidade.

# A distribuição geográfica da população

## População absoluta

Denominamos de população absoluta o número total de habitantes em um determinado espaço, podendo ser uma cidade, uma região, um país ou um continente. A população absoluta do nosso planeta é 7 bilhões de habitantes. Quando um lugar apresenta grande população absoluta, é classificado como populoso. A população absoluta do Brasil é 190 milhões de habitantes, o 5º país mais populoso do mundo.

## A população relativa

Chamamos de população relativa, ou densidade demográfica, a relação entre a população absoluta e o território. Para descobrir a densidade demográfica, basta dividir a população absoluta pela área territorial. Por exemplo, o Brasil apresenta uma população de 190 milhões de habitantes e uma área de 8,5 milhões de km².

$$\frac{\text{População absoluta}}{\text{Área territorial}} = \frac{190\,000\,000 \text{ habitantes}}{8\,547\,403 \text{ km}^2} = 22{,}3 \text{ habitantes/km}^2$$

Fazendo a conta, a densidade demográfica brasileira é de apenas 22,3 habitantes por km². Portanto, apesar de ser populoso, o Brasil é pouco povoado, uma vez que apresenta baixa densidade demográfica. No mundo, existem países com densidades inferiores à do Brasil, como a Austrália, com 2,6 habitantes por km².

Para um país ser classificado como muito povoado, precisa ter densidade demográfica muito superior à brasileira. É o caso da Índia, segundo país mais populoso do mundo e muito povoado, com densidade demográfica de 403 habitantes por km². Também existem nações que são pouco populosas, mas como seus territórios são pequenos acabam tendo alta densidade demográfica, caso da Bélgica, com 352 habitantes por km². Na tabela a seguir, você pode conferir a lista dos países mais populosos do globo e suas densidades demográficas.

| Países mais populosos | | |
|---|---|---|
| Países | População absoluta (milhões de habitantes) | Densidade demográfica (habitantes por km²) |
| 1. China | 1 345* | 144 |
| 2. Índia | 1 198 | 403 |
| 3. Estados Unidos | 314 | 34 |
| 4. Indonésia | 229 | 127 |
| 5. Brasil | 190 | 22 |
| 6. Paquistão | 180 | 235 |
| 7. Bangladesh | 162 | 1 246 |
| 8. Nigéria | 154 | 170 |
| 9. Rússia | 140 | 9 |
| 10. Japão | 127 | 349 |

**Fonte**: IBGE.
*Lê-se 1 bilhão, 345 milhões de habitantes.

## ATIVIDADES

**1** Qual é a diferença entre população absoluta e população relativa?

_____
_____
_____
_____

**2** Cite os cinco países mais populosos do mundo em ordem decrescente.

_____
_____
_____
_____

**3** Considerando que o estado do Paraná tem área de 199 281,7 km² e população absoluta de 10 686 247 habitantes, qual é a sua densidade demográfica?

_____
_____
_____
_____

## A distribuição da população

No mundo, a distribuição da população é desigual. De modo geral, a população se concentra nas regiões cujas características ambientais são mais favoráveis. As áreas com maior densidade demográfica apresentam menor altitude, são próximas a rios, o que facilita o acesso à água, apresentam solos mais férteis e climas temperados e tropicais.

Regiões com maior altitude, a exemplo das cadeias montanhosas, e regiões com climas frios apresentam menor povoamento. As áreas equatoriais, com florestas densas como a Amazônia, também apresentam menor densidade populacional.

No Brasil, a densidade demográfica é de 22,3 habitantes por km². Na verdade, a população do país apresenta distribuição bastante desigual. Algumas regiões são muito povoadas enquanto outras apresentam baixíssima densidade demográfica.

Por fatores históricos e socioeconômicos, a porção litorânea do país concentra a maior parte da população. Desde o tempo colonial, a região costeira concentrou as principais atividades econômicas, propiciando maior adensamento populacional.

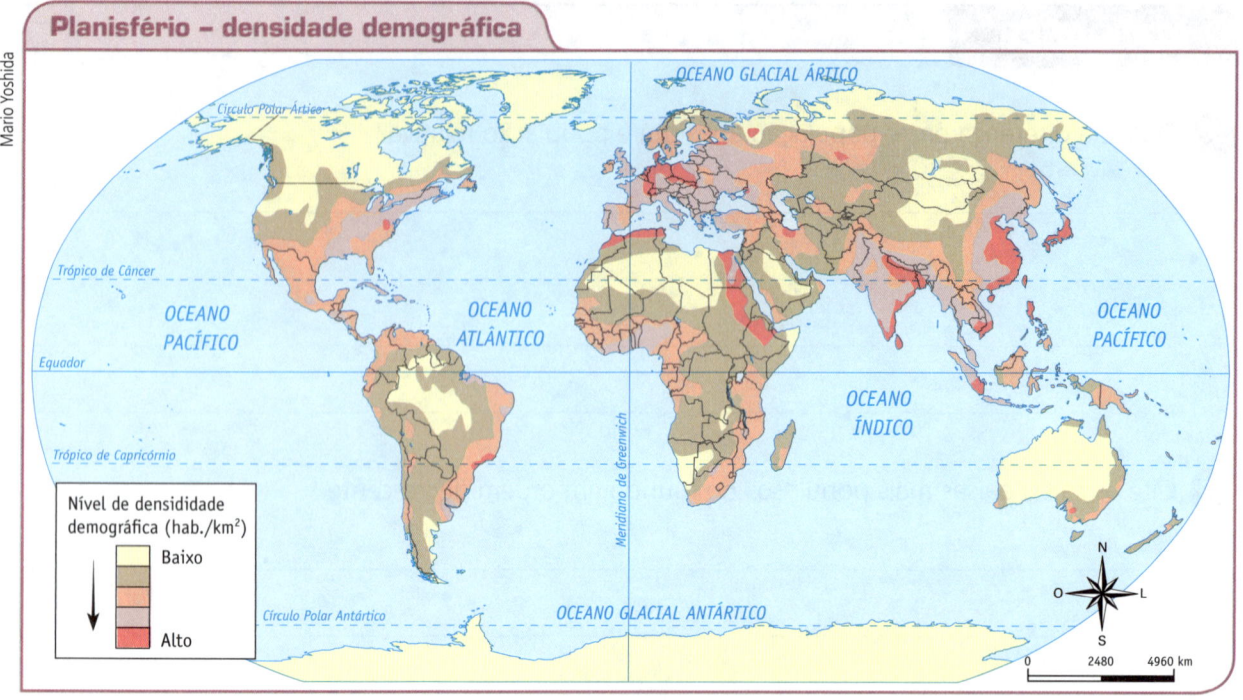

Fonte: Com base em IBGE. *Atlas Geográfico Escolar*. Rio de Janeiro: IBGE, 2009.

As regiões brasileiras mais populosas, em ordem decrescente, são: Sudeste, Nordeste, Sul, Norte e Centro-Oeste. O Sudeste, a região mais rica e industrializada, concentra 42% da população com destaque para os estados de São Paulo, Minas Gerais e Rio de Janeiro, os mais populosos do país.

O estado com maior densidade demográfica é o Rio de Janeiro com 366 habitantes por km², sendo superado apenas pelo Distrito Federal com 448 habitantes por km². As grandes cidades apresentam intensa concentração humana, a exemplo de São Paulo, cuja densidade demográfica chega a 6 195 habitantes por km².

As Regiões Centro-Oeste e Norte são as menos povoadas do país, embora tenham registrado alto crescimento populacional nas últimas décadas graças à chegada de numerosos imigrantes vindos do Sul, Sudeste e Nordeste. Localizado no extremo norte do país, Roraima é o estado menos povoado, com densidade demográfica de apenas 1,8 habitante por km².

O mapa ao lado mostra a distribuição da população do Brasil, cada ponto corresponde a 10 mil habitantes. Observamos a grande concentração de população em unidades da federação como São Paulo, Rio de Janeiro, Minas Gerais, Bahia e Distrito Federal.

Fonte: Com base em IBGE. *Atlas Geográfico Escolar*. Rio de Janeiro: IBGE, 2009.

# ATIVIDADES

**1)** A partir da análise do mapa a seguir, escreva sobre a distribuição da população do Brasil na atualidade.

**Fonte**: Com base em IBGE. *Atlas Geográfico Escolar*. Rio de Janeiro: IBGE, 2009.

_____
_____
_____
_____
_____
_____
_____
_____
_____

**2** Veja os estados representados nas fotografias a seguir e localize-os no mapa Brasil – densidade demográfica do exercício anterior. Em seguida, identifique quais estados têm a maior e a menor densidade demográfica.

Iranduba, Amazonas.

Ribeirão Claro, Paraná.

Belo Horizonte, capital de Minas Gerais.

_____
_____
_____
_____

**3** Preencha o texto a seguir com o banco de palavras.

> idade – adultos – absoluta – jovens – litoral – IBGE –
> populoso – pouco povoado – demográfica – moderado – 190

A população _____ do Brasil é cerca de _____ milhões de habitantes, sendo considerado um país _____, enquanto a população relativa ou densidade _____ é de 22,3 hab/km², ou seja, um país _____. A maior parte da população brasileira concentra-se no _____ e proximidades. O crescimento populacional no Brasil é _____. Segundo o _____, o crescimento vegetativo da população brasileira é 0,9%. A maior parte da população brasileira passou a ser formada por _____, ultrapassando os _____. O percentual de população de terceira _____ é cada vez maior no país.

**4** Com o auxílio do mapa Mundo – densidade demográfica, cite exemplos de países pouco povoados e muito povoados.

_____
_____
_____
_____
_____

> **Você sabia?**
>
> ### A importância do censo demográfico
>
> O censo demográfico é uma pesquisa sobre a realidade populacional e social de um país. Além da contagem da população, são avaliadas as condições de vida da população quanto à educação, à saúde, ao saneamento básico e à moradia.
>
> A partir dos dados estatísticos, o governo e a sociedade estabelecem estratégias para melhorar a qualidade de vida da população. Por exemplo, a partir do censo, temos uma ideia das regiões que necessitam de novas escolas, postos de saúde, moradias, rede de água e de esgoto e creches, entre outros investimentos sociais.
>
> O Brasil já realizou 12 censos. No primeiro, de 1872, a população brasileira era de apenas 9 930 478 habitantes. O censo é realizado pelo IBGE (Instituto Brasileiro de Geografia e Estatística), uma das instituições mais respeitadas do Brasil. O IBGE é muito importante na pesquisa e divulgação de informações sobre a população, a economia e o meio ambiente do nosso país.

## O crescimento populacional

### Como a população cresce?

A população cresce ou diminui conforme o crescimento natural e as migrações.

O crescimento natural, ou vegetativo, é a principal causa do crescimento da população na maioria dos países, inclusive no Brasil. Trata-se da diferença entre a taxa de natalidade (percentual de nascimentos em relação à população total) e a taxa de mortalidade (percentual de mortes em relação à população total).

Veja um exemplo: caso um município apresente população de 100 habitantes e ocorram 5 nascimentos, a taxa de natalidade será de 5%. Caso duas pessoas morram, a taxa de mortalidade será de 2%. Desse modo, o crescimento natural da população será a diferença entre as duas taxas, isto é, 3%. Com isso, a população do município teve um crescimento natural de 3%, com uma população absoluta de 103 habitantes.

No mapa a seguir, observamos que os países apresentam diferentes taxas de crescimento da população.

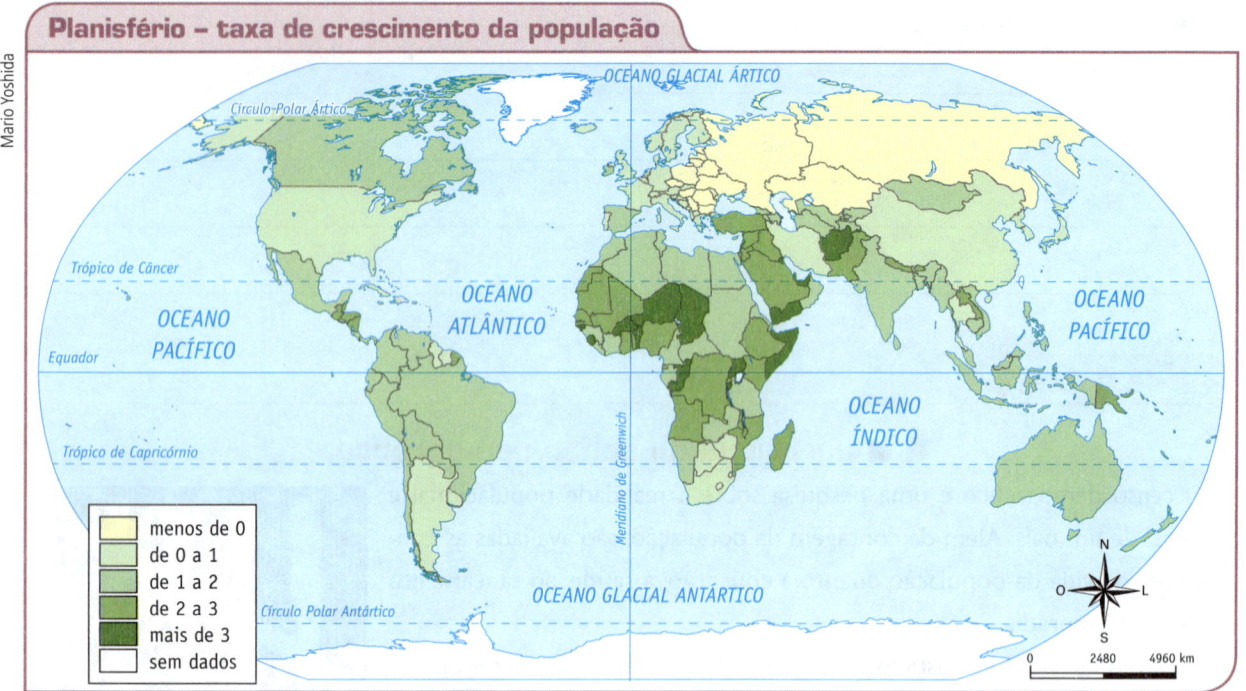

Fonte: Com base em IBGE. *Atlas Geográfico Escolar*. Rio de Janeiro: IBGE, 2009.

## O crescimento demográfico no mundo

Por volta do ano 400 a.C., estimava-se que a população da Terra fosse de 250 milhões de habitantes. Em 1800, atingiu 1 bilhão, dobrando apenas em 1930 para 2 bilhões. A população mundial começou a crescer rapidamente no século XIX.

Nos países ricos, como a Inglaterra e a França, a concentração de população nas cidades e a melhoria nas condições de saneamento básico, moradia e saúde proporcionaram uma queda da taxa de mortalidade. Por sua vez, as pessoas começaram a viver cada vez mais.

Especialmente a partir de meados do século XX, também ocorreram melhorias sanitárias e de saúde nos países pobres. A permanência de altas taxas de natalidade e a queda nas taxas de mortalidade fizeram com que a população tivesse elevado crescimento.

Atualmente a população mundial cresce em diferentes ritmos, conforme as condições de vida dos países. No século XX, a população das nações ricas teve um expressivo ganho em qualidade de vida com acesso a saneamento básico e serviços de saúde e educação. Com uma maior divulgação dos métodos anticoncepcionais e a integração das mulheres ao mercado de trabalho, houve uma queda muito acentuada nas taxas de natalidade, porque os casais decidiram reduzir o número de filhos.

Nos países ricos, com melhor qualidade de vida, o crescimento é baixo, não ultrapassando 1% a cada ano. É o caso dos Estados Unidos, Canadá, Nova Zelândia, Reino Unido, entre outros. Existem países com crescimento populacional negativo, caso da Alemanha, Rússia e Itália.

Nos países pobres, a situação varia conforme o país. As taxas são mais baixas nos países emergentes, caso do Brasil, Argentina, México, África do Sul, China e Coreia do Sul, com taxas inferiores a 1% ao ano. Na Turquia, Índia e Indonésia, o crescimento está entre 1% e 2%.

Nos países mais pobres, nos quais as condições de nutrição, educação e saúde são precárias para a maioria da população, o crescimento demográfico é alto. Em países da África, como Uganda, Níger e Libéria, as taxas estão acima de 3% ao ano. Observe o gráfico a seguir.

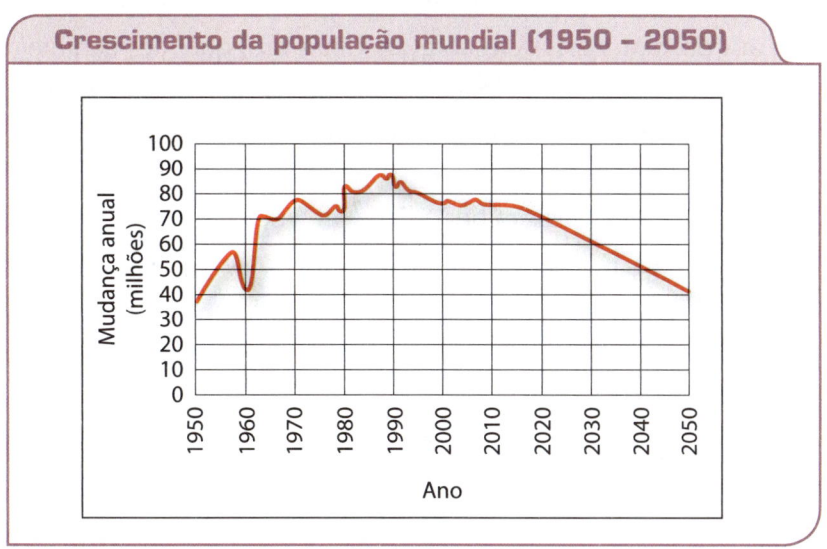

Fonte: DURAND, Marie-Françoise et al. *Atlas da Mundialização*: compreender o espaço mundial contemporâneo. São Paulo: Saraiva, 2009.

Ao analisarmos os dados do gráfico, percebemos que, a partir de 1990, a curva de crescimento entra em declínio e deverá permanecer em acentuado declínio.

## O crescimento da população brasileira

O crescimento da população brasileira foi acelerado até a década de 1970, quando a taxa de crescimento era de quase 3% ao ano. Entretanto, desde a década de 1970 até a atualidade, houve uma desaceleração. O crescimento atual da população do Brasil é cerca de 0,9% ao ano.

Por que os brasileiros estão tendo cada vez menos filhos? Bem, em princípio, houve uma queda vertiginosa na taxa de natalidade. A taxa de fecundidade, isto é, o número de filhos por mulher na idade fértil, caiu para 1,8, indicador similar ao da Argentina e dos Estados Unidos. A redução do número de filhos deve-se a fatores sociais, culturais e econômicos como:

- A rápida urbanização. Por volta de 84% dos brasileiros já moram nas cidades. Essa concentração nas áreas urbanas provocou mudanças sociais e comportamentais. Para conseguir melhores empregos e salários, as pessoas passaram a estudar mais e, por consequência, passaram a ter filhos mais tarde.

Por sua vez, os casais reduziram o número de filhos.

| Crescimento natural da população brasileira entre 1940 e 2010 ||
|---|---|
| 1940-1950 | 2,35 % |
| 1950-1960 | 2,90 % |
| 1960-1970 | 2,89 % |
| 1970-1980 | 2,49 % |
| 1980-1991 | 1,89 % |
| 2000 | 1,64 % |
| 2010 | 0,90 % |

Fonte: IBGE.

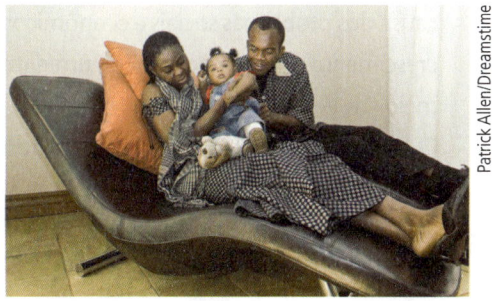

No Brasil, as famílias são cada vez menores devido à queda das taxas de natalidade e fecundidade. Tornaram-se bastante comuns famílias com um ou dois filhos.

Decidir ter menos filhos é uma medida econômica, pois o custo de criação dos filhos nas áreas urbanas costuma ser maior do que nas áreas rurais. Nas áreas urbanas, as pessoas têm mais acesso à educação e saúde, o que favorece a queda na taxa de natalidade.

- A emancipação das mulheres. Nas últimas décadas, as mulheres lutaram para conquistar direitos iguais aos dos homens. Além do avanço nas leis, que lhes garante mais direitos, observou-se um crescimento da participação feminina no mercado de trabalho. Para progredirem no mundo profissional, as mulheres brasileiras passaram a estudar mais e já apresentam maior escolaridade que os homens. A consolidação do novo papel da mulher na sociedade fez com que muitos casais optassem por adiar a gravidez e reduzir o número de filhos.

- Anticoncepcionais e esterilização. A partir da década de 1970, difundiu-se o uso de métodos anticoncepcionais. A partir da década de 1990, o uso de preservativos se intensificou como forma de prevenção das DSTs (doenças sexualmente transmissíveis), a exemplo da sífilis, da hepatite e da Aids. Ganharam terreno as cirurgias de esterilização. As principais são: a ligadura de trompas nas mulheres e a vasectomia nos homens.

- Abortos. O código penal brasileiro considera o aborto (interrupção da gravidez provocando a morte do feto) ilegal, porém sua prática é bastante disseminada.

## Você sabia?

### Teorias populacionais

O malthusianismo. Para o inglês Thomas Robert Malthus (1798), economista que viveu no final do século XVIII, os problemas sociais como a pobreza teriam como causa o desequilíbrio entre o crescimento populacional e a produção de recursos, inclusive de alimentos. A população cresceria em PG (progressão geométrica: 1, 2, 4, 8, 16 ...), enquanto a produção de alimentos cresceria apenas em PA (progressão aritmética: 1, 2, 3, 4, 5 ...).

O neomalthusianismo. As ideias de Malthus tiveram influência e seus estudos foram retomados em meados do século XX. Nesse período, verificou-se a aceleração do crescimento populacional nos países subdesenvolvidos. Segundo os neomalthusianos, o crescimento elevado da população seria a

*O nascimento do novo homem*, do pintor espanhol Salvador Dalí, 1943.

causa dos problemas sociais e econômicos dos países subdesenvolvidos. A "explosão demográfica" (exacerbado crescimento da população) seria um entrave para o desenvolvimento econômico e causaria a degradação do meio ambiente.

O neomalthusianismo inspirou métodos radicais de controle da natalidade em vários países, a exemplo dos estímulos para que mulheres pobres façam a cirurgia de esterilização. A política do "filho único" praticada pelo governo da China é de notória influência neomalthusiana. Os neomalthusianos dão ênfase para o alto crescimento da população, mas pouco consideram fatores mais importantes como as desigualdades sociais e o acesso aos serviços de educação e saúde públicas. Os neomalthusianos são considerados "conservadores", pois não querem combater a pobreza, e sim "reduzir" o número de pobres.

**Os progressistas.** Estudiosos mais progressistas formularam críticas às teorias malthusiana e neomalthusiana. Hoje, sabemos que é necessário aprofundar os investimentos em saúde, educação e emprego com o objetivo de reduzir a pobreza. No sistema de saúde (hospitais e postos), é fundamental que as famílias tenham acesso ao planejamento familiar. A melhoria de escolaridade e saúde faz com que as famílias decidam espontaneamente pela redução no número de filhos. Assim, torna-se desnecessária a implantação de campanhas autoritárias de controle da natalidade. Quanto aos recursos naturais, é necessário salientar que uma única criança em um país rico vai consumir mais recursos do que vinte crianças nascidas em um país africano. Portanto, o consumismo degrada mais o meio ambiente do que o crescimento demográfico.

Família numerosa em país africano.

## ATIVIDADES

**1** Comente três fatores que concorreram para a queda das taxas de natalidade e fecundidade no Brasil nas últimas décadas.

_____
_____
_____
_____
_____
_____

**2** O uso de métodos anticoncepcionais como a camisinha visam apenas prevenir a gravidez? Justifique.

_____
_____
_____
_____

**3** A partir da leitura do texto "Teorias populacionais", explique as teorias malthusiana e neomalthusiana.

_____
_____
_____
_____
_____
_____
_____
_____
_____

## A estrutura etária da população

A estrutura etária constitui a distribuição da população por faixas de idade e por sexo. Os principais grupos etários são os jovens (entre 0 e 19 anos), os adultos (entre 20 e 59 anos) e os idosos (acima de 60 anos).

Em muitos países ricos, como a Noruega, por exemplo, a taxa de natalidade é baixa e as pessoas vivem mais, ou seja, apresentam maior expectativa de vida. Neles, o percentual de jovens é inferior ao de adultos e a parcela de população de terceira idade é elevada. No Japão, a proporção de idosos já é superior à de jovens. Compare, a seguir, os indicadores de países com diferentes níveis de desenvolvimento social e econômico.

| Estrutura etária em alguns países (%) | | | |
|---|---|---|---|
| País | Jovens | Adultos | Idosos |
| Japão | 20,2 | 55,5 | 24,3 |
| Estados Unidos | 27,1 | 56,0 | 16,9 |
| Brasil | 34,5 | 55,0 | 10,5 |
| Egito | 50,8 | 42,9 | 6,3 |
| Zâmbia | 54,2 | 41,3 | 4,5 |

**Fonte**: US Census Bureau e IBGE.

Nos países mais pobres, a exemplo de muitas nações africanas, onde as taxas de natalidade e fecundidade são elevadas, o percentual de jovens supera os 50% da população, enquanto a participação dos idosos é muito pequena em razão da baixa expectativa de vida.

Para representar a estrutura etária de um país utilizamos a pirâmide de idade, isto é, um gráfico que apresenta a distribuição da população em faixas de idade (geralmente de cinco em cinco anos) e também a distribuição etária entre homens e mulheres. A seguir, podemos analisar as pirâmides etárias de países muito diferentes.

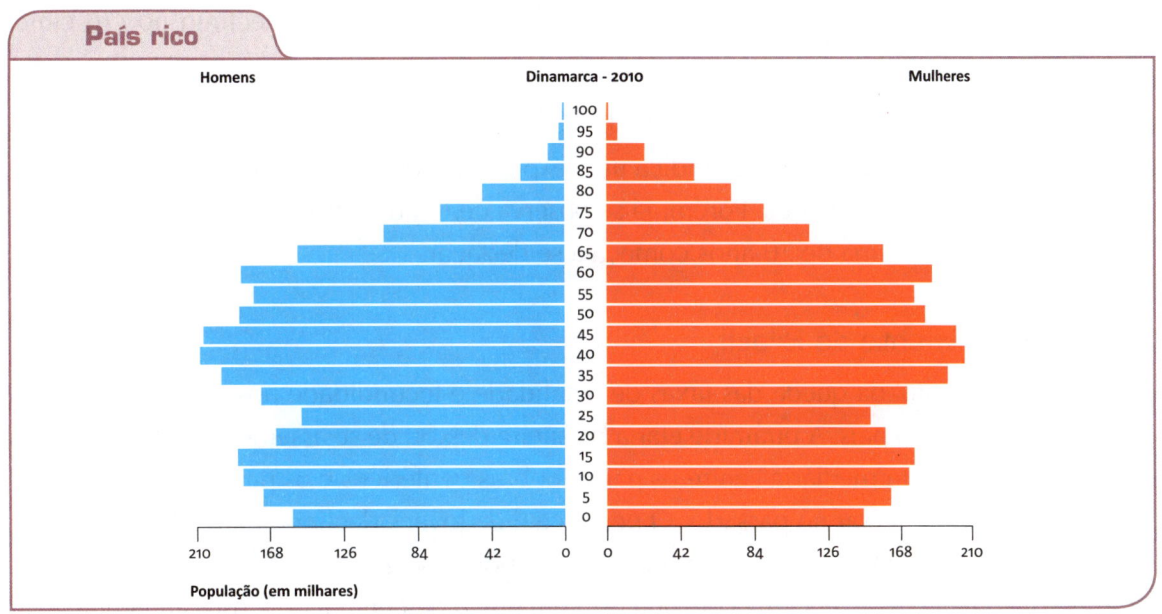

Fonte: U.S. Bureau. Disponível em: <http://www.census.gov/ipc/www/idb/country.php>. Acesso em: jun. 2012.

Características:

- a base estreita indica menor percentual de jovens relacionado aos baixos índices de crescimento vegetativo, natalidade e fecundidade;
- observa-se a predominância de adultos;
- como a esperança de vida é elevada, verifica-se o percentual significativo de idosos com uma expressiva participação dos que apresentam mais de 70 anos, em que se destacam as mulheres.

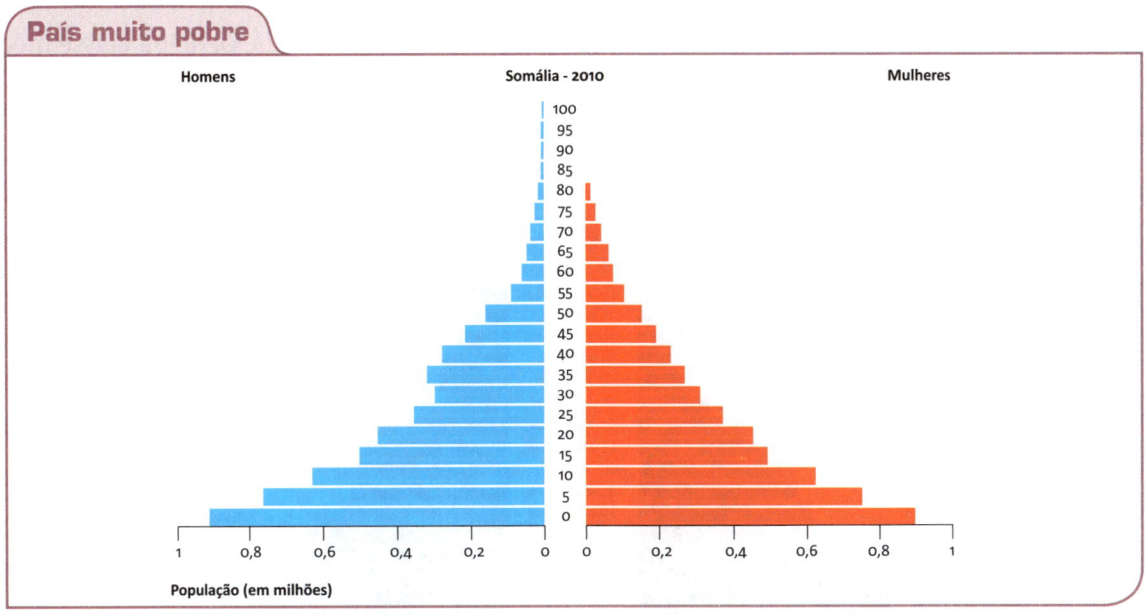

Fonte: U.S. Bureau. Disponível em: <http://www.census.gov/ipc/www/idb/country.php>. Acesso em: jun. 2012.

Características:

- no caso da Somália, a base é larga, indicando a dominância de jovens devido às altas taxas de natalidade, fecundidade e crescimento demográfico. O notório estreitamento das primeiras faixas (entre 0 e 14 anos) indica que já acontece um declínio no crescimento vegetativo da população;

- o percentual de adultos é inferior ao de jovens;
- o pequeno percentual de idosos indica uma expectativa de vida mais baixa do que a verificada nos países desenvolvidos. Porém, já se observa certo aumento na esperança de vida, uma vez que a faixa acima de 70 anos começa a se destacar.

### O amadurecimento do Brasil

No Brasil, a acentuada queda das taxas de natalidade e fecundidade nos últimos anos modificou a estrutura etária do país. A pirâmide etária brasileira deixou de se assemelhar à dos países mais pobres tornando-se "intermediária" entre os países pobres periféricos e os países ricos.

O "país de jovens" ficou no passado. O percentual de jovens declinou para 34,5% em relação ao total da população. O Brasil é um "país de adultos", pois esse grupo etário já representa 55% dos habitantes. O aumento da expectativa de vida fez com que o percentual de idosos aumentasse, atingindo 10,5% da população. A tendência para o futuro é de redução cada vez maior na proporção de jovens e de avanço dos adultos e da terceira idade (maiores de 65 anos).

A mudança no perfil etário da população traz consequências para a sociedade e para o governo. O aumento no percentual de idosos fará com que o governo tenha de dispensar mais recursos financeiros para o pagamento das aposentadorias e para a saúde pública. Isto é, os hospitais deverão estar mais bem preparados, com mais funcionários (enfermeiros e médicos especializados) e infraestrutura (leitos e equipamentos) para uma quantidade cada vez mais significativa de idosos que necessitam de tratamento e internações.

Por outro lado, com a estabilização do percentual de crianças e de adolescentes, o governo deverá reduzir a construção de novas escolas. Deverá priorizar a melhoria da qualidade do ensino, especialmente nas escolas públicas que atendem as classes de baixa renda e parte da classe média. Enfim, a compreensão da nova pirâmide etária do país é fundamental para definir políticas públicas que melhorem a qualidade de vida da população.

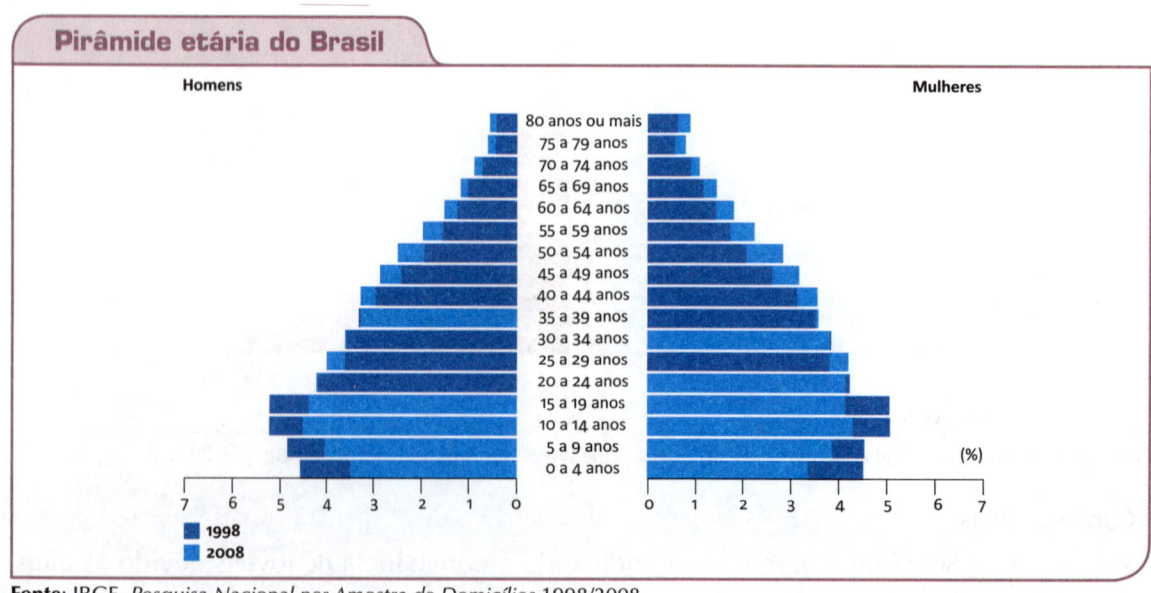

Fonte: IBGE, Pesquisa Nacional por Amostra de Domicílios 1998/2008.

### Você sabia?

## Terceira idade e Estatuto do Idoso

No Brasil, em virtude do aumento no percentual da população da terceira idade, é necessário ampliar a assistência médica, melhorar as aposentadorias e promover programas que melhorem a qualidade de vida dos idosos como, por exemplo, novas opções de lazer e turismo, especialmente para os segmentos sociais mais pobres.

Muitos idosos sofrem com o preconceito social. No Brasil, muitos são obrigados a continuar trabalhando, pois o valor das aposentadorias é baixo. A taxa de atividade entre idosos com idade superior a 65 anos chega a 25%. Em 2004, para combater o preconceito, assegurar direitos e melhorar a qualidade de vida, foi criado o Estatuto do Idoso. Entre os principais pontos da nova lei, destacam-se:

- os medicamentos de uso continuado devem ser fornecidos gratuitamente pelo poder público;
- os planos de saúde para contratos novos ficam proibidos de reajustar a mensalidade em razão da idade a partir dos 60 anos;
- desconto de 50% nos ingressos para eventos artísticos, culturais e esportivos;
- os idosos mais pobres, com mais de 65 anos, que não tenham qualquer renda terão direito a um benefício mensal de um salário mínimo;
- na Justiça, quem tiver mais de 60 anos passa a ter prioridade na tramitação de processos e procedimentos;
- o idoso terá prioridade na aquisição de casa própria em programas de habitação públicos, e as mensalidades devem ser compatíveis com os rendimentos de aposentadoria e pensão;
- transportes coletivos públicos são gratuitos para maiores de 65 anos, bastando apresentar documento pessoal, e 10% dos assentos devem estar reservados para idosos.

Nos países ricos, a terceira idade tem excelente qualidade de vida.

### Você sabia?

## Envelhecimento e encolhimento da população

Enquanto alguns países tentam limitar o número de nascimentos, outros estão desesperados e se esforçam para que os casais tenham filhos. Em alguns países, a taxa de mortalidade suplantou a taxa de natalidade. Ou seja, apresentam decréscimo da população. É o caso de países como Rússia, Ucrânia, Alemanha e Japão. O baixo crescimento da população está gerando um problema demográfico para diversos países: o envelhecimento populacional. Com a baixa taxa de natalidade, o percentual de crianças, adolescentes e jovens no total da população é cada vez menor. Por sua vez, o percentual de pessoas pertencentes à terceira idade é cada vez maior.

Em países como o Canadá, Suécia e Japão, a população idosa é superior a 16% do total. Na Itália, a taxa de fecundidade é de 1,42 filho por mulher, ou seja, é inferior ao índice necessário para fazer a "reposição dos pais".

Caso a tendência não seja revertida, alguns países poderão ter considerável perda populacional. Estima-se que, em 2030, a Rússia terá uma redução de 15% em sua população absoluta. Na Hungria, a diminuição poderá chegar a 13%.

O envelhecimento e o declínio populacional trazem consequências negativas como pouca disponibilidade de trabalhadores jovens e o elevado custo de manutenção da previdência social (pagamento de aposentadorias e pensões).

Em alguns países, os governos estão incentivando a natalidade. Adotaram medidas como redução de impostos para os casais que decidirem ter mais filhos e auxílio financeiro. Também surgiu a licença paternidade, em que o pai tem o direito de se licenciar do trabalho para cuidar dos filhos recém-nascidos durante alguns meses, tal como as mães. Curiosamente, essas iniciativas não estão surtindo o efeito desejado. Outra saída para o problema foi estimular a adoção de crianças e a entrada de imigrantes jovens oriundos de nações pobres.

## ATIVIDADES

**1** Mencione algumas medidas para melhorar as condições de vida da população de terceira idade no Brasil.

**2** A pirâmide etária a seguir pertence a um país rico ou pobre? Justifique sua resposta.

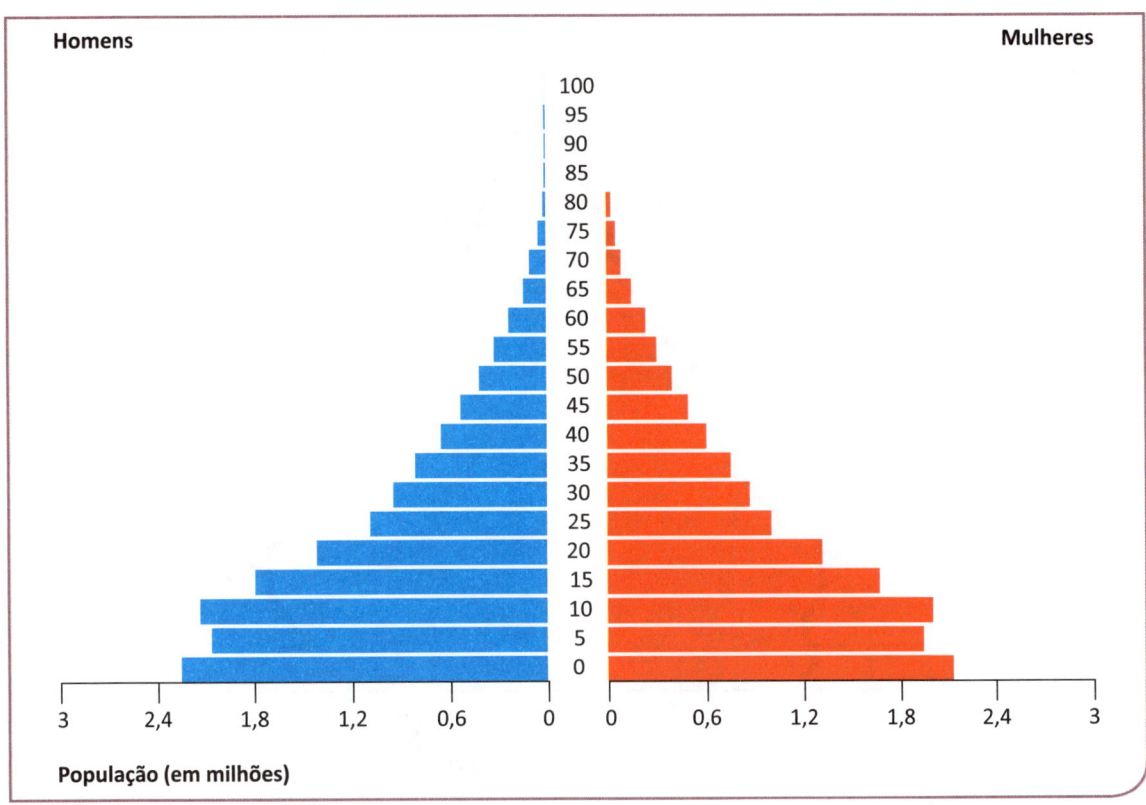

Fonte: U.S. Bureau. Disponível em: <http://www.census.gov/ipc/www/idb/country.php>. Acesso em: jul. 2012.

3. Explique as causas da modificação nas pirâmides etárias brasileiras representadas a seguir.

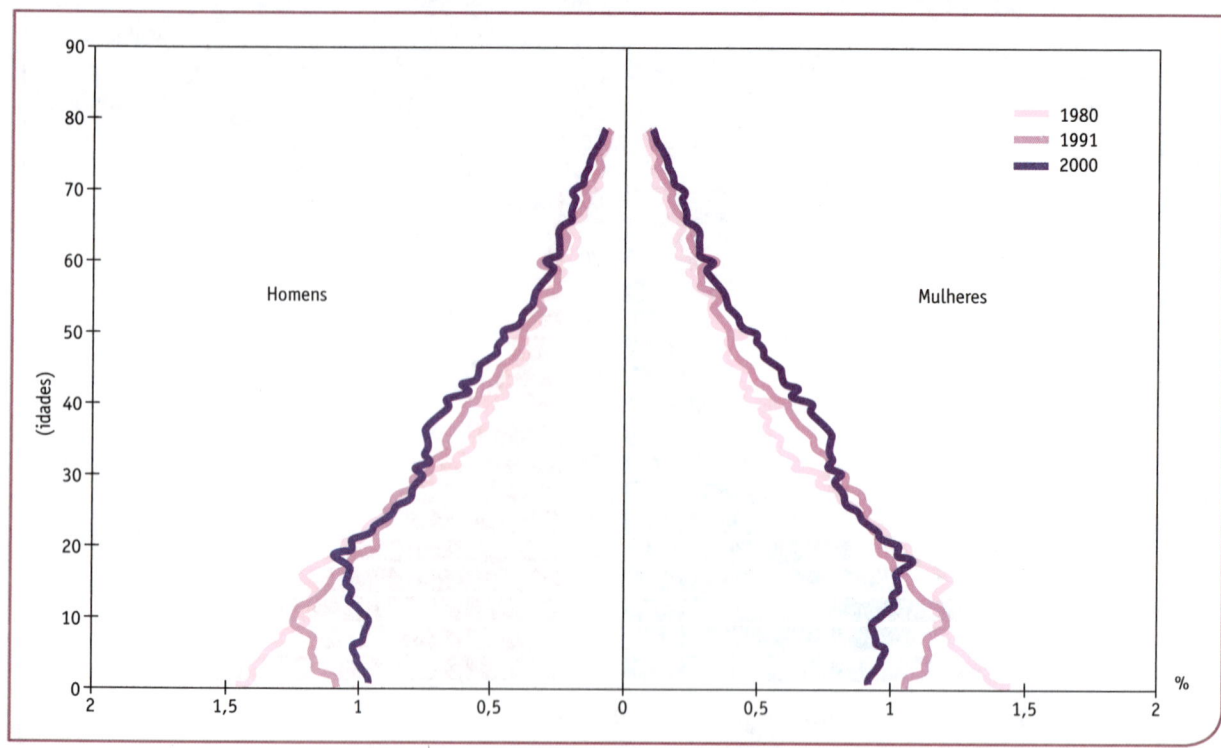

Fonte: Com base em Atlas IBGE. Geográfico Escolar. Rio de Janeiro: IBGE, 2009.

4. No que consiste o crescimento vegetativo da população?

**5** Sabendo que em determinado país a taxa de natalidade é de 6% e a taxa de mortalidade é de 3%, qual é o índice de crescimento natural ou vegetativo da população?

_____
_____

**6** As migrações interferem no crescimento populacional?

_____
_____

**7** Quais são os ritmos de crescimento populacional existentes no mundo atual? Cite exemplos de países.

_____
_____
_____
_____

**8** Quais são as principais faixas de idade que integram a estrutura etária da população?

_____
_____
_____
_____

**9** Quais são as consequências do envelhecimento e encolhimento populacional?

_____
_____
_____
_____
_____
_____

# Capítulo 2
# Trabalho, Desigualdade Social, Educação e Saúde

No Brasil existe grande desigualdade econômica e social. A concentração de renda é um dos grandes problemas de nosso país. Além disso, os serviços públicos de saúde, educação e transporte são muito precários, prejudicando a maioria dos brasileiros.

Fila de desempregados em São Paulo.

# Estrutura econômica e trabalho

A população de um país também pode ser analisada através das condições de trabalho. Assim, a população é dividida entre PEA e PEI.

A PEA (População Economicamente Ativa) é a parcela da população acima de 10 anos de idade que trabalha ou que está à procura de emprego; desse modo, também inclui os desempregados. A PEA ocupada representa o percentual da população que está efetivamente trabalhando. Portanto, o cálculo da taxa de desemprego é feito com base na PEA.

A PEI (População Economicamente Inativa) é composta pela parcela da população que não trabalha, pelo menos oficialmente. Nessa categoria estão: aposentados, inválidos, estudantes (desde que não trabalhem), crianças e pessoas que trabalham em casa, incluindo as "donas de casa".

Nos países ricos, o percentual da PEA é elevado graças ao predomínio de adultos na estrutura etária. Em alguns países pobres, o percentual da PEA é menor, fazendo subir o índice da PEI devido ao maior peso dos jovens na estrutura etária.

Na realidade brasileira, os percentuais de PEA e PEI não são precisos, pois muitos aposentados e crianças trabalham no mercado de trabalho informal para complementar a renda de suas famílias.

| PEA e PEI em alguns países (%) | | | |
|---|---|---|---|
| | PEA | PEI | Taxa de desemprego |
| França | 64,7 | 35,3 | 10,7 |
| Estados Unidos | 51,2 | 48,8 | 4,5 |
| Cingapura | 62,5 | 37,5 | 4,1 |
| Brasil | 70 | 30 | 6 |
| Marrocos | 39,6 | 60,4 | 22,0 |

**Fonte**: U.S. Bureau. Disponível em: <http://www.census.gov/ipc/www/idb/country.php>. Acesso em: jun. 2012.

A pecuária, importante atividade do Centro-Oeste do Brasil, pertence ao setor primário da economia.

## O trabalho nos três setores da economia

A PEA está distribuída por três setores da economia:

- Primário. É formado pelas atividades realizadas predominantemente em áreas rurais: agricultura, pecuária, silvicultura (reflorestamento com finalidade comercial) e extrativismo (animal e vegetal).

- Secundário. É integrado pelos diversos tipos de indústrias que se concentram em áreas urbanas.

- Terciário. É composto pelo comércio, prestação de serviços (saúde, educação etc.), administração pública e privada, lazer, comunicações, entre outras atividades.

Nas nações desenvolvidas, a maior parte da PEA trabalha no setor terciário. O percentual de trabalhadores do setor secundário diminuiu graças à modernização tecnológica, a exemplo do uso frequente de computadores e de robôs em atividades antes feitas por trabalhadores.

O percentual de trabalhadores do setor primário é muito pequeno, pois a produção está mecanizada, necessitando de pouquíssima mão de obra. É o caso da França, país que é importante produtor de alimentos, mas onde apenas 2,9% da PEA está empregada no setor primário.

Nos países pobres, a situação varia conforme o grau de desenvolvimento de cada país. Em nações pobres da África, a maior parte da população trabalha no setor primário, como é o caso de Uganda, com 80%. Nos países muito populosos, mesmo com a industrialização e urbanização em curso, grande parte da população ainda trabalha no setor primário. É o caso da China, com 46%, e da Índia, com 58%. A seguir, compare o Brasil com outros países no que se refere à distribuição da PEA por setores da economia.

| Distribuição da PEA por setores da economia em alguns países (%) | | | |
|---|---|---|---|
| | Primário | Secundário | Terciário |
| Estados Unidos | 2,7 | 23 | 74,3 |
| França | 2,9 | 23,4 | 73,7 |
| Coreia do Sul | 11 | 31 | 58 |
| Brasil | 18 | 22 | 60 |
| China | 46 | 21 | 33 |
| Nigéria | 43 | 9 | 48 |

**Fonte**: IBGE e Bird – World Population Indicators.

Nos países latino-americanos mais industrializados, como Brasil, México e Argentina, existe a predominância do setor terciário. Todavia, nesses países, o crescimento exorbitante do setor terciário ocorreu por causa do intenso êxodo rural (saída da população do campo para a cidade), da urbanização e da industrialização tardia.

## ATIVIDADES

1) Aponte a diferença entre PEA e PEI.

**2** A que setor da economia pertence a atividade representada na fotografia? Justifique sua resposta.

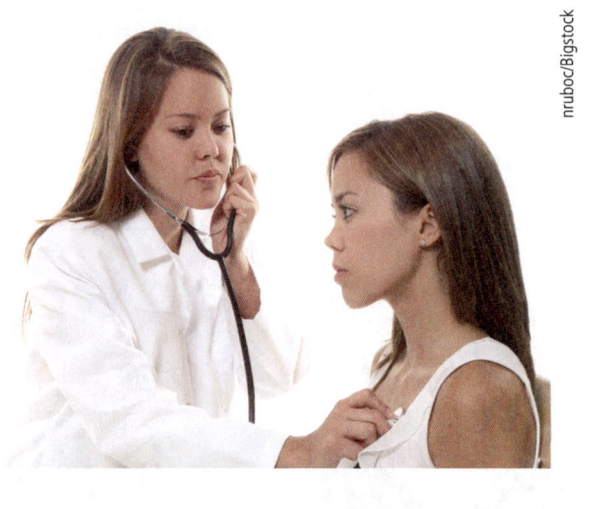

_____
_____
_____
_____
_____
_____
_____
_____

## O mercado de trabalho

Em escala internacional, apesar do acelerado crescimento econômico em vários países, as condições de vida dos trabalhadores não avançaram na mesma proporção. Ainda existem profundas desigualdades quanto às condições de trabalho e aos salários. Em alguns países, os direitos dos trabalhadores não são respeitados, existem jornadas de trabalho excessivas, baixos salários, e até mesmo as greves são proibidas.

Os dados sobre os valores dos salários mostram a disparidade entre os países. No setor industrial, o custo médio da hora paga pelo trabalho, em dólares, em um país como a Indonésia, é de apenas 0,28. Na Alemanha, o valor chega a ser quase 100 vezes maior: cerca de 24,87. No Brasil, estamos ainda longe dos países mais ricos: o valor médio é de apenas 2,68.

Em muitos países, o desemprego é acompanhado pela precarização do mercado de trabalho. São exemplos o desrespeito aos direitos dos trabalhadores e a diminuição no poder de compra dos salários. No Brasil, muitos trabalhadores encontram-se na informalidade, uma vez que grande parte deles não apresenta carteira de trabalho assinada.

As grandes cidades latino-americanas como São Paulo, Cidade do México e Caracas são importantes polos de atração migratória para trabalhadores provenientes de áreas rurais. Muitos deles não conseguiram empregos formais e tiveram que trabalhar no setor terciário em atividades menos qualificadas. Esse fenômeno é chamado de hipertrofia do terciário. Desde a década de 1990, ocorre um aumento no número de pessoas que trabalham como camelôs, comerciantes de rua que lutam pela sobrevivência.

Observe a história em quadrinhos a seguir.

> **Você sabia?**
>
> ### Salários, sindicatos e greves
>
> De modo geral, os salários pagos no Brasil são baixos e o impacto do salário mínimo é importante na renda do trabalhador. Na PEA ocupada, cerca de 27% ganham até 1 salário mínimo.
>
> Nesse contexto, o papel dos sindicatos que representam os trabalhadores é relevante, visto que pressionam os empresários e o governo com o objetivo de elevar os rendimentos dos trabalhadores e melhorar as condições de trabalho. Na atualidade, o Brasil dispõe de duas grandes centrais sindicais, a Força Sindical e a CUT (Central Única dos Trabalhadores). Essas entidades reúnem numerosos sindicatos de várias categorias de trabalhadores, como bancários, metalúrgicos e petroleiros.
>
>
> Manifestação de trabalhadores em greve.
>
> A greve constitui um dos instrumentos dos trabalhadores para melhorar seus salários e condições de trabalho. Nos países ricos, onde os sindicatos são mais organizados e os trabalhadores mais conscientes, as greves acontecem com maior frequência.

## ATIVIDADES

**1** Identifique os problemas apresentados na fotografia a seguir.

Rua 25 de março em São Paulo.

**2** Mencione alguns problemas do mercado de trabalho brasileiro.

_____

_____

_____

**3** As greves são um direito:

a) dos patrões ( )

b) dos trabalhadores ( )

c) de algumas categorias de trabalhadores ( )

d) nenhuma das anteriores ( )

### O desemprego

O desemprego é um dos principais problemas sociais tanto nos países ricos como nos pobres. Calcula-se que haja mais de 800 milhões de desempregados no planeta. A crise financeira de 2008 e 2009 elevou o número de desempregados em mais de 20 milhões segundo a OIT (Organização Internacional do Trabalho). As causas principais do desemprego costumam ser:

- crescimento pequeno e fraco da economia;
- modernização tecnológica das empresas, a exemplo da informatização e robotização;
- falta de qualificação dos trabalhadores.

No Brasil, o avanço tecnológico nos diversos ramos da economia causou eliminação de empregos e redução de salários. O exemplo mais espantoso é o do setor bancário. Em 1990, o setor empregava mais de 800 mil trabalhadores. Na atualidade, o número foi reduzido para cerca de 500 mil. Enquanto isso, os lucros dos bancos estão cada vez maiores.

Com a modernização tecnológica crescente, exige-se cada vez mais a qualificação dos trabalhadores. Quanto mais escolaridade (curso superior ou pós-graduação), domínio da informática e língua estrangeira, melhores são as chances de se encontrar e de se fixar no emprego. Desse modo, o investimento substancial em educação e qualificação dos trabalhadores é imprescindível na luta contra o desemprego.

Uma das medidas dos governos para amenizar o desemprego é fornecer o seguro-desemprego, ou seja, uma remuneração temporária até o trabalhador conseguir novo trabalho.

No Brasil, o seguro-desemprego apresenta um valor baixo e não atinge todos os trabalhadores.

Os índices de desemprego são calculados em porcentagem, isto é, calcula-se o percentual de desempregados da PEA. No Brasil, o desemprego cresceu muito a partir da década de 1990. Nos anos 2000, com a retomada do crescimento econômico, houve um declínio para 7%.

Nos últimos anos, fala-se da possibilidade de acontecer um "apagão de mão de obra" no Brasil, isto é, com o crescimento da economia, as empresas não encontram trabalhadores com qualificação.

O problema é causado pelo baixo investimento do governo em educação: Ensino Médio Técnico (em que o aluno estuda e aprende uma profissão) insuficiente e difícil acesso ao Ensino Superior.

Em algumas regiões do Brasil faltam professores para várias matérias. No Nordeste e na Amazônia, faltam médicos. No Sudeste, faltam engenheiros e técnicos em muitas áreas.

> **Você sabia?**

## Trabalho escravo e infantil

Em pleno século XXI, especialmente em países pobres, ainda persistem formas perversas de exploração do trabalho. É o caso do trabalho escravo e do trabalho infantil. Os casos de trabalho escravo ocorrem em diferentes continentes.

Na Costa do Marfim, país africano, em grande parte das fazendas que cultivam cacau existe, pelo menos parcialmente, trabalho escravo. Trabalhadores são recrutados em países como Mali, enganados por falsas promessas de remuneração, e chegam a ser "vendidos" para os fazendeiros. A queda dos preços do cacau no mercado internacional provocou a queda nos lucros e estimulou o aumento do trabalho escravo. Enquanto isso, as multinacionais que compram cacau da Costa do Marfim acumulam lucros extraordinários.

Na Índia, adultos e milhares de crianças são explorados na produção de tapetes para exportação. A exploração do trabalho infantil nas tecelagens é proibida pelo governo, mas na prática não existe fiscalização rigorosa.

No Brasil, o trabalho escravo está concentrado na Amazônia em regiões como o sul do Pará, norte de Mato Grosso e Rondônia. Os trabalhadores são obrigados a comprar tudo o que consomem nas fazendas em que trabalham, inclusive alimentos, vestuário e até instrumentos de trabalho. Como as mercadorias têm preços exorbitantes, os trabalhadores se endividam com os fazendeiros. Portanto, configura-se a escravidão por dívida.

Os trabalhadores são explorados e, se tentam fugir, são perseguidos por jagunços armados que vigiam as propriedades. A escravidão por dívida é mais comum em propriedades nas quais se desenvolvem a pecuária e a produção de carvão vegetal.

Trabalho infantil, Valente – Bahia.

No caso brasileiro, o trabalho infantil atinge 10,2% das crianças e adolescentes entre 5 e 17 anos. O percentual está em declínio, mas ainda é preocupante.

Crianças e adolescentes que deveriam estar frequentando apenas a escola são obrigados a trabalhar para ajudar ou até mesmo sustentar suas famílias. Mesmo os que frequentam a escola apresentam dificuldades de aprendizado, devido ao cansaço decorrente da longa jornada de trabalho. A exploração do trabalho infantil é vantajosa para empresários sem escrúpulos. Os salários, quando pagos, são baixíssimos. Em muitas ocasiões, as crianças não recebem nada, porque o salário fica todo com a mãe e o pai.

As atividades que mais exploram o trabalho infantil são: carvoarias (Amazônia, Mato Grosso do Sul e Minas Gerais), sisal (Bahia) e o cultivo da laranja (Sergipe), e cana-de-açúcar (Zona da Mata Nordestina). O governo brasileiro apresenta programas de erradicação do trabalho escravo e do trabalho infantil, liderados pelo Ministério do Trabalho. O principal deles é o PETI (Programa de Erradicação do Trabalho Infantil).

## ATIVIDADE

Quais são as duas modalidades mais graves de exploração do trabalho no Brasil? Justifique.

_____
_____
_____
_____
_____

## Infância e adolescência no Brasil

Segundo o Unicef (Fundo das Nações Unidas para a Infância e Adolescência), o Brasil ocupa apenas a 102ª posição no mundo no que se refere às condições de vida da maioria de suas crianças e adolescentes.

Apesar da existência do Estatuto da Criança e do Adolescente, desde a década de 1990, persistem os graves problemas que atingem as crianças e os adolescentes pobres no país. Além do trabalho infantil, destacamos outros problemas:

- índices preocupantes de desnutrição infantil em regiões pobres;
- preocupante incidência de violência doméstica contra crianças, isto é, praticada principalmente pelos próprios pais;
- casos de exploração sexual e prostituição de crianças e adolescentes;
- má qualidade do ensino, especialmente nas escolas públicas;
- violência e assassinato de jovens.

## Desigualdade social

### Renda *per capita*

Existem várias maneiras de se interpretar a distribuição da renda em um país. Uma das maneiras é calcular a renda *per capita*. Para isso, basta dividir o Produto Interno Bruto (PIB) pela população absoluta. Fazendo as contas, a renda *per capita* brasileira está por volta de 6 852 dólares por habitante a cada ano.

Esses dados permitem afirmar que o Brasil é um país de renda média. Está ainda muito longe das nações mais ricas, cuja renda *per capita* é muito superior a 20 000 dólares anuais. Entretanto, a renda brasileira é superior à dos países mais pobres, como é o caso de Zimbábue, com 159 dólares por habitante a cada ano.

É importante ressaltar que a renda *per capita* é apenas uma média matemática. Dessa maneira, não leva em consideração a distribuição da riqueza na sociedade. Por exemplo, sabemos que no mundo inteiro existem pessoas com alta renda, trabalhadores com renda média e trabalhadores com salários baixos. A renda *per capita* constitui apenas um indicador do nível geral de renda de um país.

### Distribuição da renda

Na sociedade capitalista, a distribuição social da riqueza é desigual. Os rendimentos obtidos por uma pessoa determinam grande parte de seu acesso a bens e serviços necessários à sua sobrevivência como alimentos, roupas, remédios, educação, saúde e lazer.

No mundo, a renda é mais bem distribuída nas nações ricas. Nessas sociedades, os trabalhadores pressionaram mais seus governos e empresas para melhorar os níveis salariais e os serviços públicos. Além de produzirem menos riquezas, os países pobres apresentam uma distribuição de renda muito desigual no interior de suas sociedades.

A seguir, compare a distribuição de renda do Brasil com a de outros países do mundo:

| Distribuição da renda em alguns países (em %) | | | | |
|---|---|---|---|---|
| País | Brasil | Paraguai | Rússia | Japão |
| Os 60% mais pobres | 18,0 | 19,3 | 26,6 | 42,4 |
| Os 30% intermediários | 34,4 | 36,9 | 35,0 | 36,1 |
| Os 10% mais ricos | 47,6 | 43,8 | 38,7 | 21,7 |

**Fonte**: IBGE e Banco Mundial.

O Brasil é um dos países com pior distribuição de renda do mundo, juntamente com nações como Paraguai, Honduras, África do Sul, Serra Leoa, República Centro-Africana e Suazilândia. Como podemos observar na tabela anterior, na América do Sul, o Brasil apresenta uma concentração de renda pior do que a verificada no Paraguai.

A distância entre os mais ricos e os mais pobres na sociedade brasileira é injusta. O 1% mais rico da população concentra mais renda do que os 50% mais pobres. Para combater a injustiça social são necessárias medidas que envolvam a participação do governo, dos empresários, dos trabalhadores e das ONGs (Organizações Não Governamentais). Entre as medidas, estão:

- promoção do crescimento da economia em todos os setores (terciário, secundário e primário);
- redução dos impostos para os trabalhadores e empresas;
- geração de empregos formais (com carteira de trabalho assinada e direitos trabalhistas assegurados);
- aumento dos salários e do poder aquisitivo (de compra) dos trabalhadores;
- melhorar a escolaridade e a capacitação técnica da população;
- acelerar a reforma agrária, isto é, distribuir terras para que famílias se fixem no campo para gerar mais renda, produzir mais alimentos e diminuir a pobreza.

> **Você sabia?**
>
> ## A exclusão social no Brasil
>
> Recentemente foi publicado o Atlas de exclusão social do Brasil, uma obra que mostra as regiões com melhor e pior qualidade de vida no país. Podemos definir a exclusão social como um conjunto de fatores que concorrem para que as pessoas tenham baixo padrão de vida. Esses fatores dificultam sua ascensão ou inclusão social.
>
> O índice de exclusão social foi calculado a partir dos seguintes dados: alfabetização, escolaridade, pobreza, desigualdade social, emprego formal, concentração de jovens e violência. Os dados abrangeram todos os municípios do país.
>
> No mapa a seguir, as áreas claras são as que apresentam maior exclusão social, ou seja, a maioria da população apresenta péssima qualidade de vida. Nessa categoria, tem-se a maior parte do Nordeste e da Amazônia. As melhores condições para os padrões brasileiros são verificadas apenas pontualmente, com cor escura, e estão concentradas no Distrito Federal e em estados como São Paulo, Rio de Janeiro, Minas Gerais, Santa Catarina e Rio Grande do Sul.
>
> **Brasil – exclusão social**
>
> Índice de exclusão social
> - 0,4
> - 0,5
> - 0,6
> - Melhor situação social
>
> **Fonte**: Com base em FERREIRA, Graça Maria Lemos. *Atlas geográfico espaço mundial*. São Paulo: Moderna, 2010.

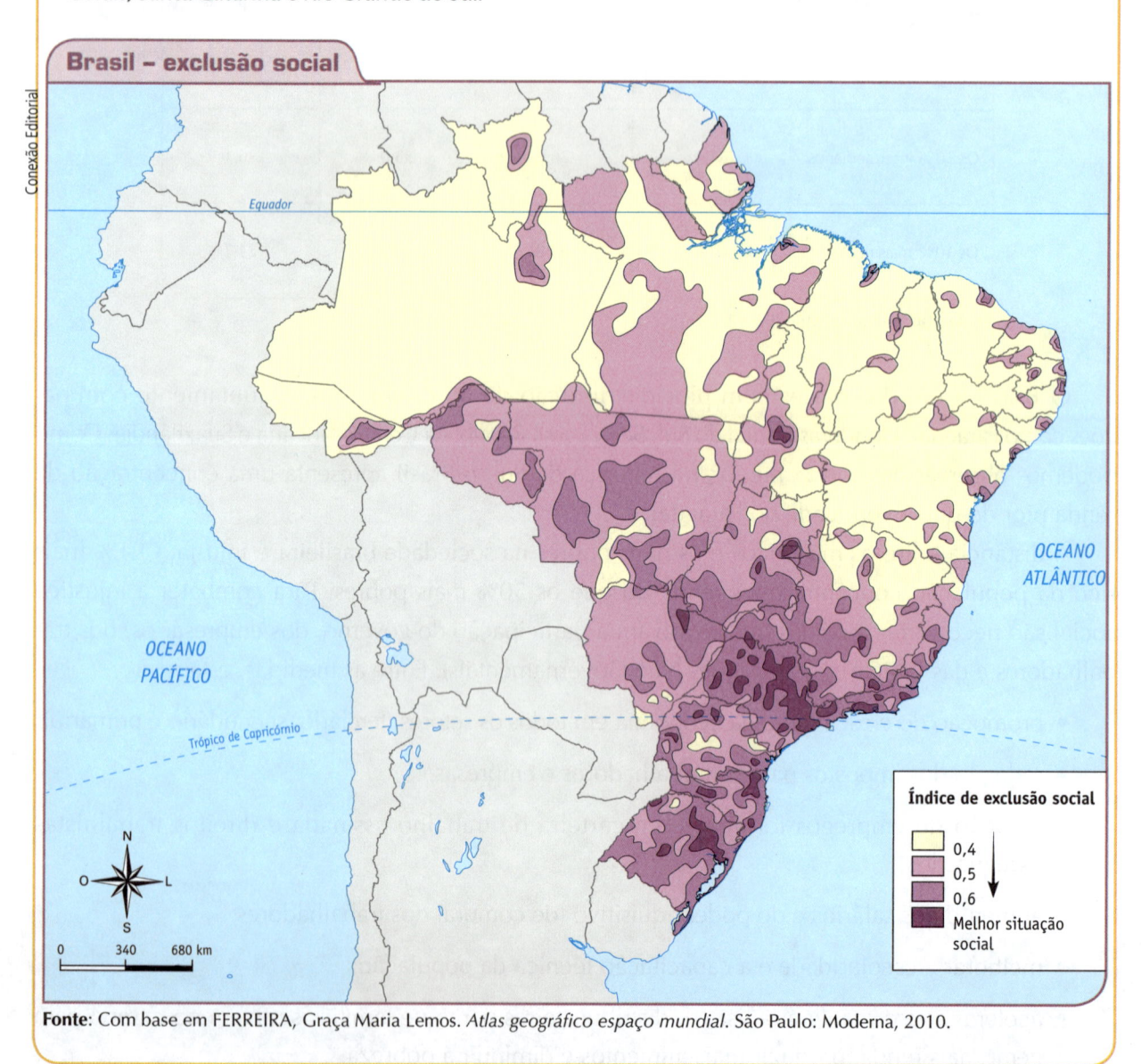

## ATIVIDADES

**1** O que é renda *per capita*? Por que esse indicador não é adequado para medir o desenvolvimento social de um país?

_____

_____

_____

**2** Observe o mapa e responda às questões a seguir.

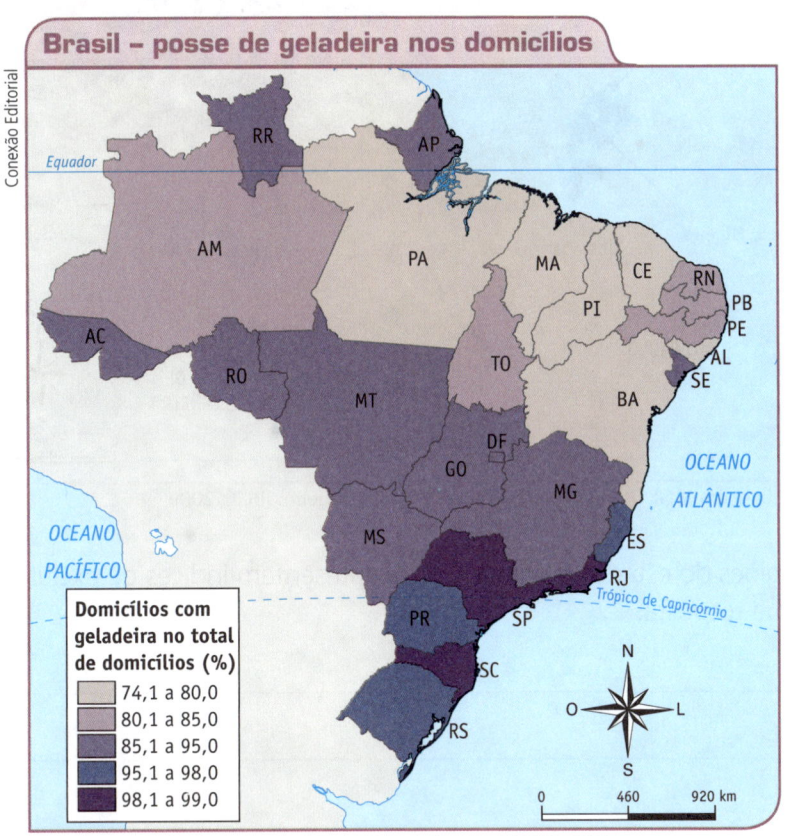

**Brasil – posse de geladeira nos domicílios**

Domicílios com geladeira no total de domicílios (%)
- 74,1 a 80,0
- 80,1 a 85,0
- 85,1 a 95,0
- 95,1 a 98,0
- 98,1 a 99,0

Fonte: IBGE. *Atlas Geográfico Escolar*. Rio de Janeiro: IBGE, 2009.

a) Os estados que têm mais domicílios com geladeiras são:

Rio Grande do Sul, Paraná e Espírito Santo. (  )

Tocantins, Rio Grande do Norte e Amazonas. (  )

Pará, Maranhão e Piauí. (  )

Santa Catarina, São Paulo e Rio de Janeiro. (  )

b) Cite três estados que tenham as menores quantidades de domicílios com geladeiras no total de domicílios em %.

_____

_____

**39**

**3** Responda aos itens a seguir, a partir da interpretação do mapa que representa o índice de exclusão social nos municípios do estado de Minas Gerais.

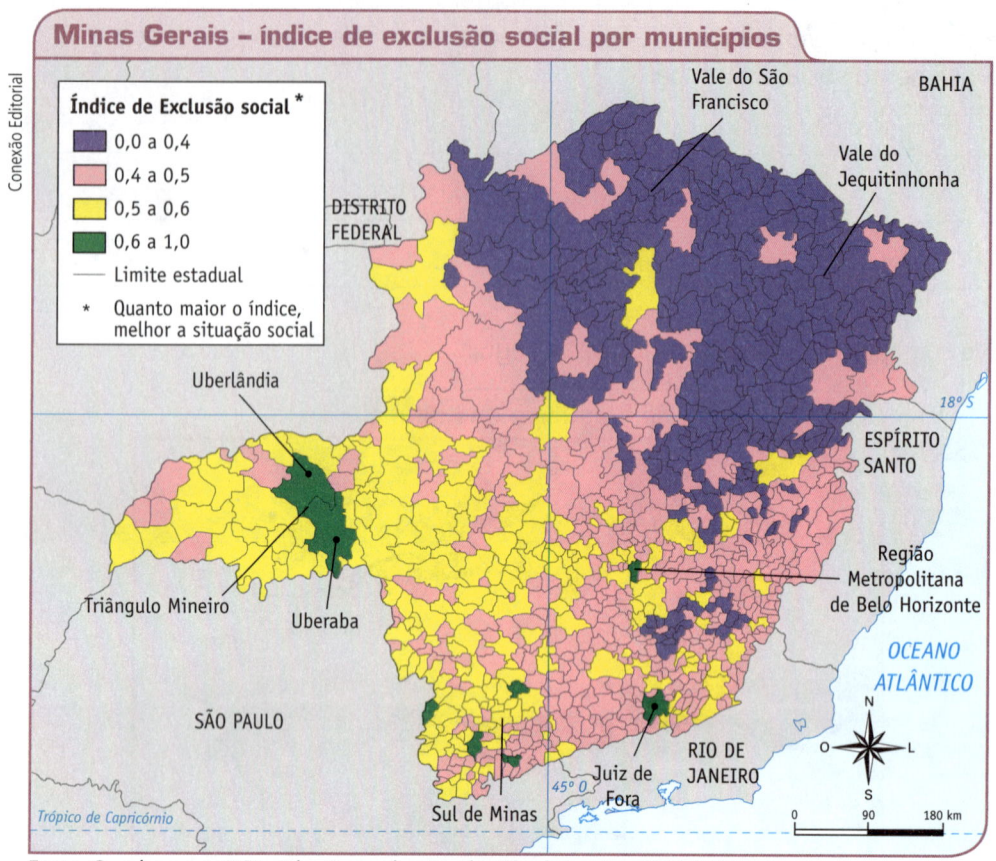

**Minas Gerais – índice de exclusão social por municípios**

Índice de Exclusão social *
- 0,0 a 0,4
- 0,4 a 0,5
- 0,5 a 0,6
- 0,6 a 1,0
- Limite estadual
- * Quanto maior o índice, melhor a situação social

Fonte: Com base em IBGE. *Atlas Geográfico Escolar*. Rio de Janeiro: IBGE, 2009.

a) Todas as regiões do estado de Minas Gerais apresentam índices de exclusão social similares? Justifique sua resposta.

_____

_____

_____

_____

b) Cite duas regiões com melhor situação social.

_____

_____

c) Cite duas regiões com pior situação social.

_____

_____

## Educação

No mundo, as discrepâncias quanto ao acesso e qualidade da educação são preocupantes. Nos países ricos, grande parte da população adulta já completou o Ensino Médio e o Superior. Já em muitas nações pobres como o Brasil, a maior parte dos adultos nem sequer conseguiu completar o Ensino Fundamental.

Nas últimas décadas, alguns indicadores de educação melhoraram no Brasil. A taxa de escolarização, ou seja, a frequência às escolas, atinge 97,9% das crianças e adolescentes entre 7 e 14 anos. Assim, o país praticamente conseguiu a universalização do acesso à Educação Fundamental.

Escola em país africano.

Mesmo assim, a taxa de repetência é preocupante, visto que a defasagem entre a idade do estudante e a série que está cursando é elevada. Outro problema é a evasão, isto é, o abandono da escola sem retorno, cujo índice é elevado entre as famílias carentes. Muitas dessas crianças abandonam a escola para trabalhar ou estão em famílias desestruturadas.

No Brasil, a escolaridade média, o número de anos que a pessoa fica na escola, é baixa, por volta de 7,4 anos. Em países que investiram mais em educação como a Coreia do Sul, esse índice já é superior a 12 anos. A taxa de analfabetismo, isto é, percentual de pessoas acima de 15 anos que não sabem ler nem escrever, caiu para 9,7% e está em lento declínio.

O analfabetismo funcional avalia se a pessoa sabe interpretar um pequeno texto, fazer as operações matemáticas básicas e se tem conhecimentos básicos de ciências. A taxa no Brasil é alarmante, cerca de 21% dos brasileiros acima de 15 anos são analfabetos funcionais.

| Analfabetismo funcional nas regiões brasileiras (percentual da população acima de 15 anos) | |
|---|---|
| | Analfabetismo funcional |
| Norte | 25,0% |
| Nordeste | 33,5% |
| Centro-Oeste | 20,3% |
| Sudeste | 15,9% |
| Sul | 16,6% |

**Fonte**: IBGE e Banco Mundial.

O sistema educacional brasileiro assemelha-se a um funil social. A maioria dos que atingem o Ensino Médio e Superior é proveniente das classes média e alta. Daqueles que entram no Ensino Fundamental, apenas uma parte chega ao ensino médio.

O percentual da população que tem acesso ao ensino superior (faculdades e universidades) é diminuto. Apenas 9,5% dos brasileiros acima de 25 anos de idade apresentam curso superior completo (graduação). Apenas 0,4% apresenta mestrado ou doutorado.

# ATIVIDADES

**1** Observe o mapa e mencione 5 países com elevada taxa de alfabetizados e 5 países com baixa taxa de alfabetizados.

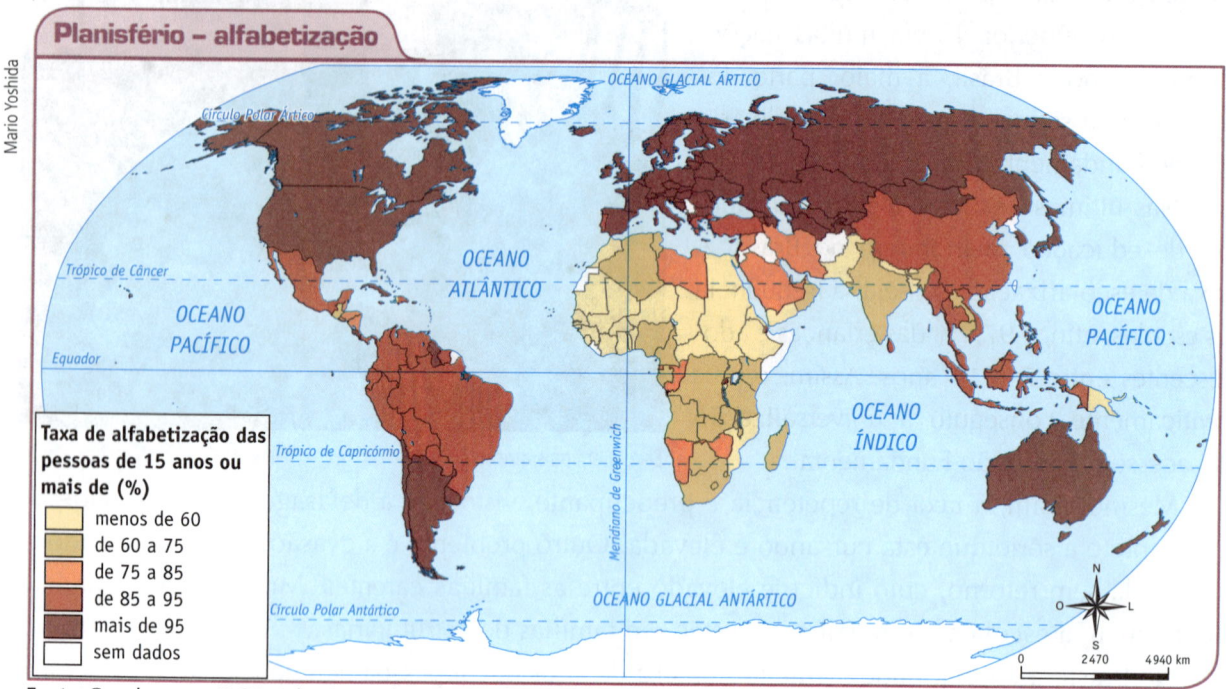

**Planisfério – alfabetização**

**Taxa de alfabetização das pessoas de 15 anos ou mais de (%)**
- menos de 60
- de 60 a 75
- de 75 a 85
- de 85 a 95
- mais de 95
- sem dados

Fonte: Com base em IBGE. *Atlas Geográfico Escolar*. Rio de Janeiro: IBGE, 2009.

_____
_____
_____
_____
_____
_____
_____

**2** No Brasil, podemos dizer que a maior parte da população:

a) tem nível universitário. ( )

b) tem o Ensino Médio completo. ( )

c) não concluiu o Ensino Básico. ( )

d) é analfabeta. ( )

**3** Leia o texto a seguir e responda aos itens.

## Ministério da Educação divulga notas do Ideb

O Ideb (Índice de Desenvolvimento da Educação Básica) é a "nota" do ensino básico no país. Numa escala que vai de 0 a 10, o MEC (Ministério da Educação) fixou a média 6 como objetivo para o país a ser alcançado até 2021. O indicador é calculado a partir dos dados sobre aprovação escolar, obtidos no Censo Escolar (ou seja, com informações enviadas pelas escolas e redes), e médias de desempenho nas avaliações do Inep (Instituto Nacional de Estudos e Pesquisas Educacionais Anísio Teixeira), o Saeb – para os estados e o Distrito Federal –, e a Prova Brasil – para os municípios.

Criado em 2007, o Ideb serve tanto como diagnóstico da qualidade do ensino brasileiro, como baliza para as políticas de distribuição de recursos (financeiros, tecnológicos e pedagógicos) do MEC. Se uma rede municipal, por exemplo, obtiver uma nota muito ruim, ela terá prioridade de recursos.

No Ideb 2010, houve uma melhora nas notas dos alunos, apesar de continuarem baixas. Nas séries iniciais do Ensino Fundamental (até o 5º ano), os estados que ficaram com as melhores notas (entre 5,0 e 5,9) foram: Santa Catarina, Paraná, São Paulo, Minas Gerais, Espírito Santo e Distrito Federal. Os estados que tiveram entre 4,0 e 4,9 são: Goiás, Mato Grosso, Mato Grosso do Sul, Rio Grande do Sul, Acre, Rondônia, Roraima, Piauí, Ceará e Pernambuco. As piores notas (3,0 até 3,9) pertencem a: Bahia, Sergipe, Alagoas, Rio Grande do Norte, Paraíba, Maranhão e Pará.

Disponível em: <http://educacao.uol.com.br/ultnot/2010/07/05/consulta-ideb-2009.jhtm>. Acesso em: jul. 2012.

a) O que é o Ideb?

_____

_____

_____

b) Qual é a importância do Ideb?

_____

_____

_____

_____

c) Os estados brasileiros tiveram um desempenho semelhante no Ideb?

_____

_____

_____

## Saúde

No mundo, as desigualdades quanto à saúde da população são alarmantes. Os padrões de saúde são geralmente melhores nos países ricos. Nos países pobres, a situação é variável conforme o país, sendo mais grave nas nações mais pobres da América Latina, África e Ásia.

No Brasil, as condições de saúde melhoraram nas últimas décadas. No entanto, os problemas do sistema de saúde ainda são preocupantes. No país ainda existem doenças que já foram extintas nos países ricos, como a hanseníase (lepra) e a dengue, como se pode observar no mapa ao lado.

Grande parte dos planos particulares de saúde que garantem acesso a hospitais privados são caros. No interior do país, especialmente nas regiões mais pobres, faltam médicos especialistas, como neurologistas, cardiologistas e oncologistas. Desse modo, por vezes, os pacientes são obrigados a se deslocar para as capitais dos estados e até para as metrópoles como São Paulo em busca de atendimento adequado.

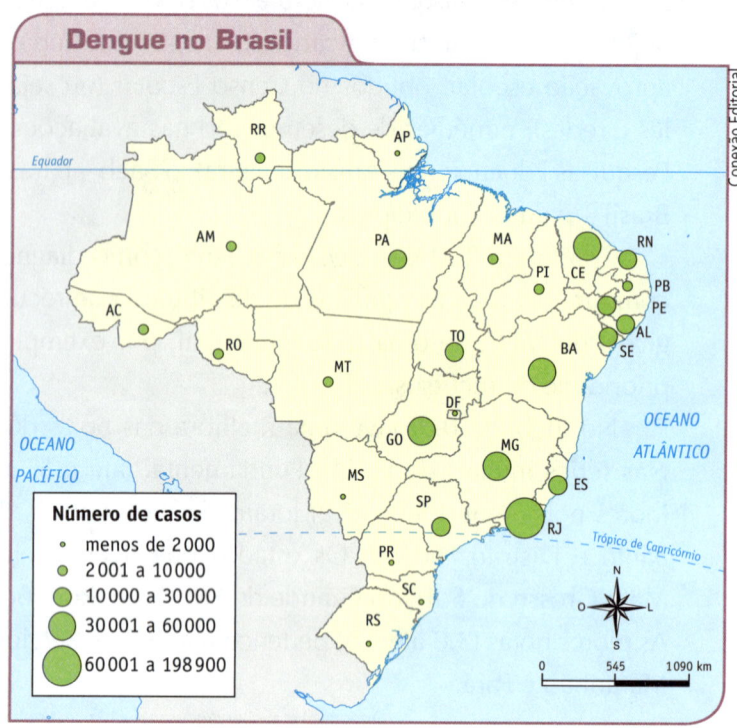

**Dengue no Brasil**

Número de casos:
- menos de 2 000
- 2 001 a 10 000
- 10 000 a 30 000
- 30 001 a 60 000
- 60 001 a 198 900

**Fonte**: Com base em IBGE. *Atlas Geográfico Escolar*. Rio de Janeiro: IBGE, 2009.

Segundo pesquisa recente da OMS (Organização Mundial da Saúde), as condições de saúde no Brasil são preocupantes. Cerca de 14,4% da população perdeu todos os dentes; 14,8% consomem bebidas alcoólicas regularmente; 18,1% são fumantes (consumo diário); 38,5% estão acima do peso e 24% apresentam vida completamente sedentária (não praticam qualquer tipo de exercício físico).

### Você sabia?

#### Causas de mortalidade no Brasil

A partir da década de 1990, o país está conhecendo rápidas mudanças nos indicadores de saúde. A taxa de mortalidade declinou, e observam-se os seguintes padrões:
- queda da mortalidade por doenças infecciosas e parasitárias a exemplo da aids, malária, leishmaniose, tuberculose, hanseníase, cólera, dengue, entre outras;
- crescimento da mortalidade por doenças crônicas e degenerativas como as cardiovasculares, respiratórias e câncer;
- aumento da mortalidade por causas externas entre homens jovens como acidentes de trânsito e violência urbana.

Um dos principais indicadores de saúde é a taxa de mortalidade infantil. Trata-se da mortalidade de crianças de até um ano de idade em cada mil nascimentos. No Brasil, o índice declinou para 22,5 por mil. Todavia, o índice está longe do nível atingido pelos países ricos. Em países como Japão e Suécia, a taxa é inferior a 5, como podemos observar no mapa a seguir.

**Planisfério – mortalidade infantil**

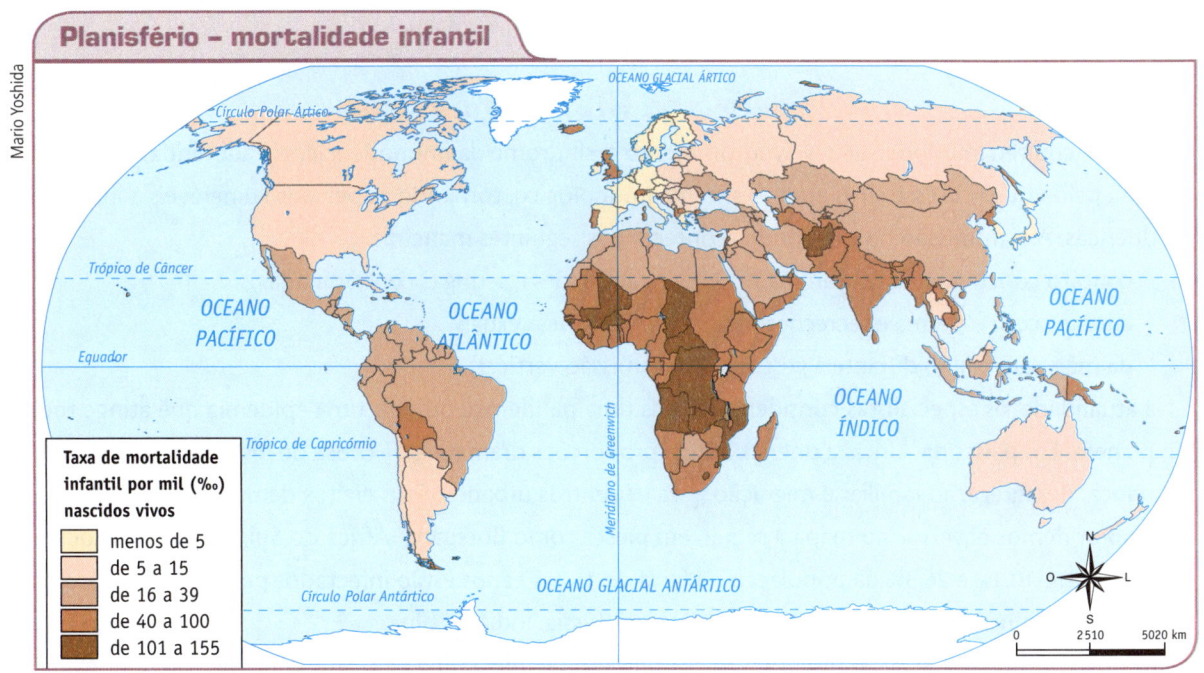

Taxa de mortalidade infantil por mil (‰) nascidos vivos
- menos de 5
- de 5 a 15
- de 16 a 39
- de 40 a 100
- de 101 a 155

Fonte: Com base em FERREIRA, Graça Maria Lemos. *Atlas geográfico espaço mundial*. São Paulo: Moderna, 2010.

No território brasileiro também acontecem profundas desigualdades regionais. No Nordeste, a mortalidade infantil é muito superior à média nacional.

A expectativa de vida brasileira aumentou e hoje é de 73,1 anos. As mulheres apresentam maior expectativa de vida, cerca de 77 anos. Os homens apresentam esperança de vida de apenas 69 anos. Geralmente, a esperança de vida é maior no Sul, Sudeste e Centro-Oeste, sendo menor no Norte e Nordeste. Nos países ricos, a expectativa de vida está entre 75 e 80 anos.

| Mortalidade infantil (por mil nascidos até 1 ano de idade) ||
|---|---|
| Norte | 24,2 |
| Nordeste | 34,4 |
| Centro-Oeste | 18,3 |
| Sudeste | 17,1 |
| Sul | 15,6 |

Fonte: IBGE e Banco Mundial.

### Você sabia?

## Gravidez na adolescência

A mulher brasileira está tendo menos filhos, porém o índice de gravidez na adolescência é preocupante. Desse modo, é necessário promover campanhas de conscientização sobre o uso de preservativos para se evitar a gravidez precoce e para se prevenir das doenças sexualmente transmissíveis. A gravidez na adolescência causa diversos problemas, uma vez que muitas garotas não se encontram preparadas psicologicamente para a maternidade.

Por vezes, muitos dos pais não reconhecem a paternidade e não prestam ajuda à mãe e à criança. Não raro, a menina e a família não dispõem dos recursos necessários para a criação da criança. A maternidade precoce acaba por tomar muito tempo das meninas, dificultando seu desenvolvimento educacional e profissional.

Adolescente com bebê.

> **Você sabia?**

## A epidemia de HIV/Aids no Brasil

A aids (Acquired Imunodeficiency Syndrome), isto é, síndrome da imunodeficiência adquirida, é desencadeada pelo vírus HIV. Esse vírus ataca o sistema imunológico, tornando as pessoas vulneráveis a infecções e doenças. A transmissão do vírus pode acontecer das seguintes maneiras:

- contato com o sangue contaminado (hemotransfusões e seringas contaminadas);
- contato com esperma e secreções vaginais em relações sexuais;
- da mãe para o filho durante a gestação (transmissão vertical).

Na atualidade, os especialistas consideram a aids uma pandemia, ou seja, uma epidemia que atinge todo o planeta. Em países da África, a doença atinge proporções dramáticas, é causa de distúrbios sociais, insegurança, desagregação familiar e migração para os centros urbanos. Seus efeitos demográficos são graves. Como podemos observar no mapa a seguir, em países como Botsuana, África do Sul, Namíbia e Moçambique, entre 10,1% e 26,3% da população na faixa de 15 a 49 anos estão infectados pelo vírus. A epidemia está se disseminando rapidamente em países como Rússia, Índia e China.

Na América Latina, o Brasil apresenta o maior número de infectados pelo HIV, cerca de 630 mil pessoas. O país apresenta o melhor sistema de prevenção e tratamento da doença entre os países emergentes. O governo fornece gratuitamente o conjunto de medicamentos (coquetel de remédios) para os portadores de HIV/Aids. Essa medida alcançou bons resultados, visto que houve uma redução no número de mortes causadas pela doença.

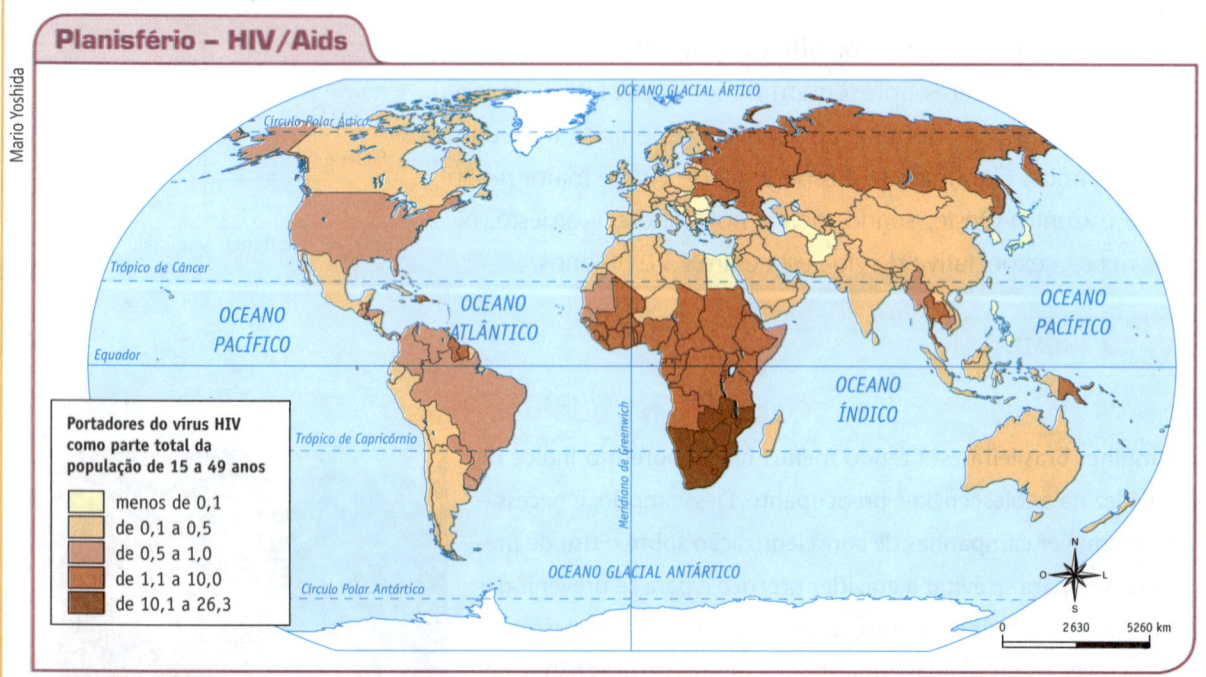

**Planisfério – HIV/Aids**

Portadores do vírus HIV como parte total da população de 15 a 49 anos
- menos de 0,1
- de 0,1 a 0,5
- de 0,5 a 1,0
- de 1,1 a 10,0
- de 10,1 a 26,3

**Fonte**: Com base em FERREIRA, Graça Maria Lemos. *Atlas geográfico espaço mundial*. São Paulo: Moderna, 2010.

A partir da década de 1990, os padrões de expansão da epidemia mudaram. Hoje não existem mais "grupos de risco". Na verdade, existem situações de risco como, por exemplo, a não utilização de preservativos nas relações sexuais. O maior número de infectados é de heterossexuais. Em seguida, estão os homossexuais, bissexuais e usuários de drogas injetáveis. Houve um grande crescimento da epidemia entre as mulheres.

A distribuição geográfica da epidemia no país é desigual. A região com maior número de infectados é o Sudeste, seguida respectivamente do Sul, Nordeste, Centro-Oeste e Norte. Segundo o Ministério da Saúde, a disseminação da epidemia de HIV/Aids pode ser considerada a soma de subepidemias distribuídas por diversas regiões. Essas regiões estão em interação constante graças aos fluxos migratórios, deslocamento de mão de obra, intensificação dos transportes, trocas comerciais e turismo.

Antes mais concentrada nas grandes cidades, a epidemia tem crescido de forma mais intensa nas cidades de porte médio e pequeno do interior do país, especialmente naquelas com população inferior a 50 mil habitantes. O crescimento em regiões menos desenvolvidas como o Sertão nordestino e a Amazônia é preocupante, visto que estas regiões apresentam um serviço de saúde mais precário.

Lembre-se, para prevenir o HIV/Aids, as medidas fundamentais são:

– uso de preservativos nas relações sexuais, que também é uma medida importante para a prevenção de doenças sexualmente transmissíveis como sífilis e hepatite;
– controle rigoroso pelo governo da qualidade do sangue dos bancos de sangue oficiais;
– distribuição de seringas descartáveis para usuários de drogas injetáveis.

## ATIVIDADES

**1** Mencione três problemas do sistema de saúde brasileiro.

_____
_____
_____
_____
_____
_____

**2** A partir da interpretação do Planisfério – mortalidade infantil (na página 46), mencione 5 países com alta taxa de mortalidade infantil.

_____
_____
_____
_____
_____
_____
_____

**3** Observe o mapa e responda.

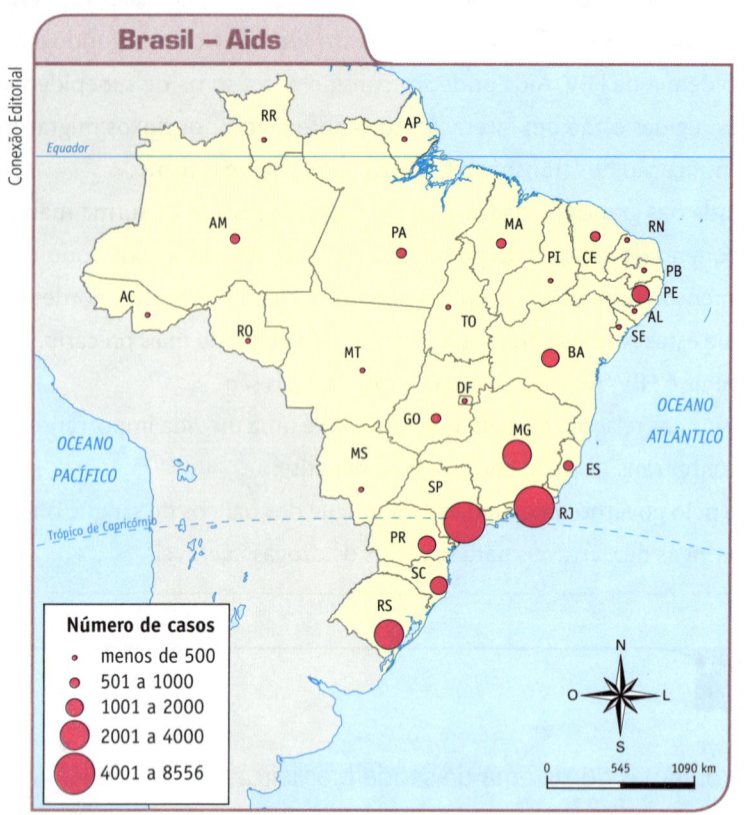

**Brasil – Aids**

Fonte: Com base em IBGE. *Atlas Geográfico Escolar*. Rio de Janeiro: IBGE, 2009.

Os estados onde há maior incidência de casos de aids são:

a) Santa Catarina, Acre, Rio de Janeiro e Bahia. ( )

b) Rio de Janeiro, São Paulo, Bahia e Paraná. ( )

c) São Paulo, Rio de Janeiro, Rio Grande do Sul e Minas Gerais. ( )

d) São Paulo, Rio de Janeiro, Rio Grande do Sul e Paraná. ( )

**4** Analise a tabela a seguir.

Aponte os dois países com as maiores expectativas de vida e os dois com as menores expectativas de vida apresentados na tabela.

| Países mais populosos do mundo – expectativa de vida (em anos) | |
|---|---|
| China | 72,7 |
| Índia | 64,1 |
| Estados Unidos | 78,0 |
| Indonésia | 70,1 |
| Brasil | 73,1 |
| Paquistão | 64,9 |
| Bangladesh | 63,5 |
| Nigéria | 46,6 |
| Rússia | 65,2 |
| Japão | 82,4 |

Fonte: IBGE.

48

**5** Analise a tabela a seguir e responda: Quais são os três países com maiores taxas de alfabetização na tabela acima? E quais são os três países que apresentam as três menores taxas de alfabetização?

| Países mais populosos do mundo – Alfabetização (% da população acima de 15 anos) ||
|---|---|
| China | 93,3 |
| Índia | 66 |
| Estados Unidos | 99 |
| Indonésia | 92 |
| Brasil | 90,3 |
| Paquistão | 54,2 |
| Bangladesh | 53,5 |
| Nigéria | 72 |
| Rússia | 99,5 |
| Japão | 100 |

**Fonte**: IBGE.

**6** Analise a tabela a seguir e responda à questão proposta.

| Brasil – critério padrão de classificação econômica (apenas para as principais regiões metropolitanas) |||
|---|---|---|
| Classes | Renda média familiar (R$) | % das famílias |
| A1 | 14 225 | 0,72 |
| A2 | 6 556 | 3,86 |
| B1 | 3 913 | 8,99 |
| B2 | 2 107 | 19,33 |
| C1 | 1 288 | 22,96 |
| C2 | 849 | 22,82 |
| D | 549 | 19,51 |
| E | 318 | 1,84 |

**Fonte**: IBGE.

O que você pode concluir sobre a desigualdade social no Brasil a partir dos dados da tabela?

_____
_____
_____
_____
_____
_____
_____
_____
_____

**7** Produza um mapa regional sobre o analfabetismo no Brasil a partir dos dados da tabela, da página 42.

Legenda

# Capítulo 3
# Migrações, cidades e problemas urbanos

A população brasileira é formada por diversos grupos étnicos, entre eles, povos europeus que vieram na segunda metade do século XIX e início do XX trabalhar e ocupar as terras brasileiras. Os habitantes do nosso país também se deslocaram e se deslocam pelo território nacional.

Terminal Rodoviário Tietê em São Paulo (SP), 2010.

## Migrações

Migrações são os deslocamentos de população de um lugar para outro. Nas últimas décadas, verifica-se um crescimento dos fluxos migratórios no interior dos países e entre eles.

O Brasil é uma das nações com maior mobilidade populacional do mundo. Os brasileiros migram em busca de melhores condições de trabalho. Costumam deixar suas regiões de origem com a esperança de melhorar sua qualidade de vida, estando na maioria das vezes à procura de trabalho e de acesso à terra.

### Imigrantes que vieram para o Brasil

No Brasil colônia, a população era composta por indígenas, brancos de origem portuguesa, negros e mestiços. Após a independência do país, em 1822, o Brasil recebeu numerosos imigrantes estrangeiros, em sua maioria provenientes da Europa. A entrada desses imigrantes nos séculos XIX e XX tornou a sociedade mais complexa, contribuindo para o desenvolvimento econômico, político e cultural do país.

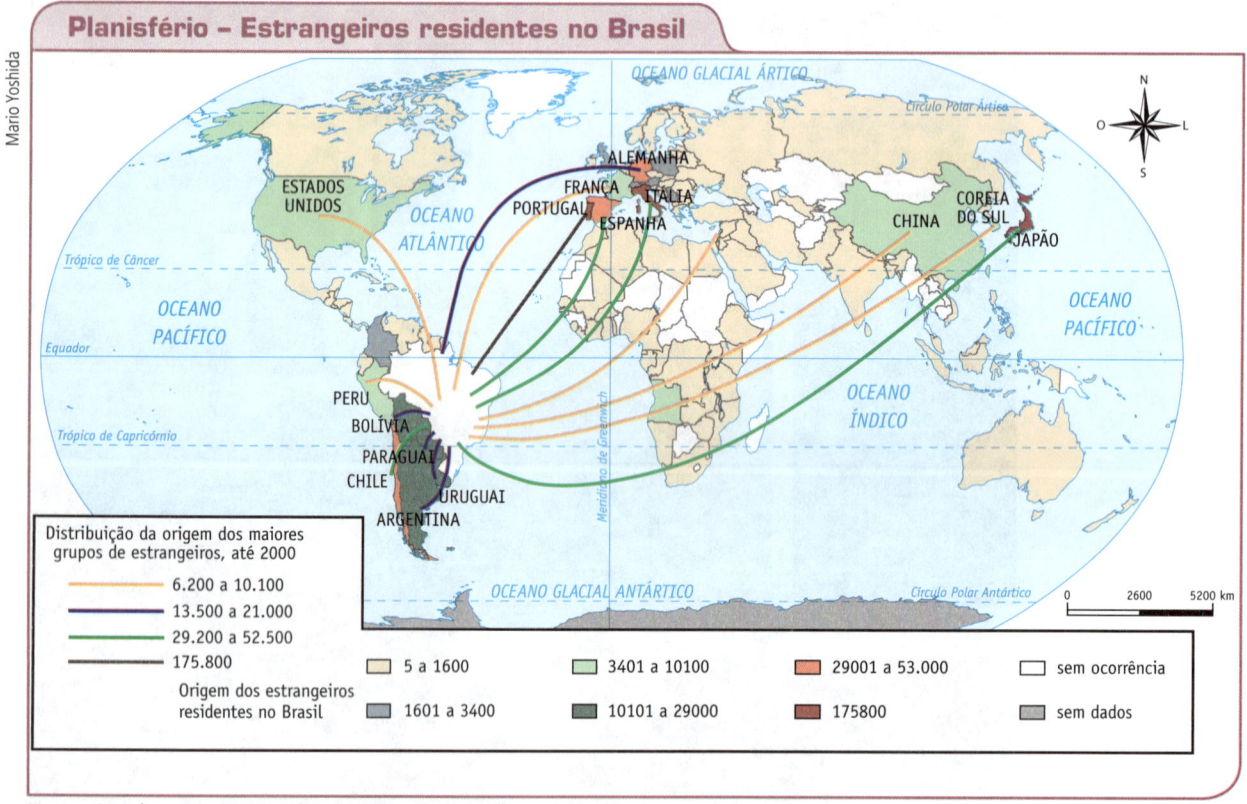

**Planisfério – Estrangeiros residentes no Brasil**

Distribuição da origem dos maiores grupos de estrangeiros, até 2000:
- 6.200 a 10.100
- 13.500 a 21.000
- 29.200 a 52.500
- 175.800

Origem dos estrangeiros residentes no Brasil:
- 5 a 1600
- 1601 a 3400
- 3401 a 10100
- 10101 a 29000
- 29001 a 53.000
- 175800
- sem ocorrência
- sem dados

Fonte: Com base em IBGE, *Atlas do Censo Demográfico*.

As principais causas da entrada desses imigrantes foram:

- a necessidade de incrementar a ocupação do território do país, visto que a nação apresentava baixíssima densidade demográfica;
- a expansão do trabalho assalariado, uma vez que a Lei Eusébio de Queirós, em 1850, tinha proibido o tráfico de escravos e também devido à abolição completa da escravatura em 1888;
- a necessidade de mão de obra para trabalhar nas fazendas produtoras de café do oeste de São Paulo a partir de meados do século XIX;

- a influência de ideologias racistas, pois a maioria da população era mestiça e negra, daí o governo brasileiro ter patrocinado um "branqueamento" do país, atraindo preferencialmente imigrantes europeus.

Vejamos os principais grupos de imigrantes.

### Portugueses

Os portugueses, mesmo após a independência do Brasil, continuaram sendo o grupo numericamente mais importante. Fixaram-se em várias regiões, preferencialmente nas áreas urbanas, e concentraram-se no setor terciário da economia, como o comércio, daí a associação bastante comum entre os "portugueses e as padarias".

No extremo sul do país, os portugueses tiveram importante papel na colonização da região da Campanha Gaúcha (Pampas), no Rio Grande do Sul, a partir do século XVIII. Esses portugueses deram origem ao gaúcho típico e empreenderam atividades até hoje tradicionais na região, como a pecuária bovina e a agricultura. No século XIX, os portugueses de origem açoriana (provenientes do arquipélago dos Açores) colonizaram o litoral catarinense e gaúcho, fixando-se em cidades como Porto Alegre e Florianópolis.

### Italianos

Atingidos pelas dificuldades sociais, econômicas e políticas de seu país, os italianos foram o segundo maior grupo imigratório a aportar no Brasil. Entre 1871 e 1888, ocuparam a região serrana localizada no nordeste do Rio Grande do Sul e sul de Santa Catarina. A ocupação foi efetivada em pequenas propriedades policultoras. Uma das atividades mais tradicionais é o cultivo da uva e a produção de vinho. Entre os principais municípios gaúchos de colonização italiana, destacam-se Caxias do Sul, Garibaldi e Bento Gonçalves. Em Santa Catarina, os italianos ocuparam o Vale do Rio Turvo e se concentram em cidades como Criciúma, Nova Trento, Nova Veneza e Urussanga.

Vale Vêneto em São João do Polêsine (RS).

No fim do século XIX e início do século XX, um importante contingente de italianos direcionou-se para São Paulo no intuito de trabalhar na monocultura do café. Muitos deles também aportaram na capital paulista, onde foram trabalhar na nascente atividade industrial, daí o surgimento dos tradicionais bairros italianos do Bixiga (parte da Bela Vista), Brás, Barra Funda e a Mooca.

### Japoneses

Em 1908, quando o navio Kasato-Maru atracou no porto de Santos, litoral paulista, teve início a imigração japonesa no Brasil. Os japoneses dedicaram-se inicialmente à atividade agrícola, fundando, ao longo do tempo, importantes cooperativas agrícolas. O Sudeste é a região com maior percentual de população descendente de orientais (amarelos), cerca de 0,8%.

No estado de São Paulo, a maior parte dos japoneses concentrou-se na região metropolitana. Na capital, destaca-se o bairro da Liberdade. Também tiveram papel importante no desenvolvimento do cinturão de cultivo de hortaliças de municípios como Mogi das Cruzes, Suzano, Cotia e Ibiúna. No oeste do estado, destacam-se as concentrações em Tupã, Bastos e Marília. No Vale do Ribeira, sul do estado, dedicaram-se à atividade agrícola, inclusive o cultivo de chá.

O tradicional bairro japonês da Liberdade, em São Paulo.

No norte do estado do Paraná, ocuparam principalmente o Vale do Ivaí, em municípios como Maringá e Londrina, hoje importantes regiões agrícolas que se sobressaem no cultivo de café e soja. Na Amazônia, existem duas pequenas áreas de colonização japonesa. No médio vale do Rio Amazonas, houve a fixação de pequenas colônias que se dedicaram ao tradicional cultivo da juta, planta da qual se extrai uma fibra de valor comercial. No Pará, ocuparam parte da região de Bragantina, onde se dedicaram por muito tempo ao cultivo da pimenta-do-reino, e atualmente praticam a fruticultura.

### Alemães

Foi em 1819 que chegaram os primeiros imigrantes de língua alemã provenientes da Suíça ao Brasil. Eles foram responsáveis pela fundação da cidade de Nova Friburgo, localizada na região serrana do Rio de Janeiro. A partir de 1824, os maiores fluxos de alemães se direcionaram para o Rio Grande do Sul, ocupando o Vale dos Sinos e Caí, e fundando cidades como São Leopoldo e Novo Hamburgo.

Entre 1850 e 1870, os alemães ocuparam o norte de Santa Catarina, especialmente o Vale do rio Itajaí, fundando cidades como Blumenau, Joinville, Brusque e Itajaí. A ocupação foi caracterizada por minifúndios policultores com trabalho familiar. Dedicaram-se à agropecuária e à pequena indústria, contribuindo bastante para o desenvolvimento econômico dos estados de Santa Catarina e Rio Grande do Sul.

Banda de música alemã em Blumenau (SC)

### Outros grupos

Os espanhóis, terceiro maior grupo imigratório que veio para o país, concentraram-se no Sul e Sudeste, estando associados a diversas atividades econômicas. Os libaneses e judeus estão em maior número na região Sudeste e Sul, principalmente em São Paulo e no Rio de Janeiro, atuando nos setores terciário e secundário. Os eslavos, de origem polonesa, russa e ucraniana, concentraram-se no Paraná, com destaque para os municípios de Curitiba, Ponta Grossa e Castro.

Igreja construída pela comunidade ucraniana em Mafra (SC).

### Você sabia?

#### Novos imigrantes

Especialmente a partir das décadas de 1980 e 1990, o Brasil tem recebido imigrantes estrangeiros de diversas procedências. Entre os latino-americanos, destacam-se os bolivianos, paraguaios, uruguaios, chilenos e argentinos. Em São Paulo, muitos bolivianos trabalham de forma clandestina em pequenas indústrias de confecção, sendo severamente explorados, pois ganham baixíssimos salários.

Também cresceu o número de asiáticos que aportaram no país, com destaque para os coreanos e chineses. São grupos que apresentam rápida ascensão social e dedicam-se a atividades como a pequena indústria e o comércio.

Com a crise econômica na Europa e Estados Unidos, cresce o número de imigrantes latino-americanos no Brasil.

Bolivianos trabalhando em fábrica de confeção em São Paulo.

## ATIVIDADES

**1** O que é saldo migratório? Cite em quais estados brasileiros o saldo migratório é positivo e em quais é negativo.

**Brasil – saldo migratório**

Saldo migratório (mil pessoas)
Positivo (imigração maior)
- mais de 50,0
- de 15,1 a 50,0
- de 0,1 a 15,0

Negativo (emigração maior)
- de 0,1 a 100,0
- mais de 100,0

Fonte: IBGE. *Atlas Geográfico Escolar*. Rio de Janeiro, 2009.

**2** Elabore um texto sobre as áreas rurais e urbanas do Rio Grande do Sul a partir da descrição e interpretação das imagens a seguir.

A — Criança descendente de imigrantes europeus.
B — Armazenamento de vinho em Bento Gonçalves.
C — Cultivo da uva na Serra Gaúcha.
D — Caxias do Sul, importante centro urbano e industrial.

**3** O que são migrações populacionais?

_____

_____

_____

**4** Identifique o imigrante estrangeiro que chegou ao Brasil a partir da leitura do texto a seguir.

Concentraram-se em São Paulo, no norte do Paraná e em pequenas colônias no Pará e no Amazonas. Dedicaram-se inicialmente às atividades agrícolas e, depois, avançaram bastante no setor terciário. Seus descendentes geralmente apresentam maior escolaridade que os demais grupos étnicos do país.

_____

_____

_____

**5** Os nomes de cidades como "Novo Hamburgo" e "Nova Trento" estão relacionados com os de:

a) japoneses e alemães ( )

b) portugueses e italianos ( )

c) alemães e portugueses ( )

d) alemães e italianos ( )

## Migrações internas

Por ser a região mais rica, urbanizada e industrializada, a Região Sudeste ainda é a que mais recebe migrantes das demais regiões. A partir da década de 1950, São Paulo foi o estado que mais recebeu migrantes. Destaque para os nordestinos, que em sua maioria vieram trabalhar mais na construção civil e na indústria em expansão. A migração nordestina teve um papel fundamental no desenvolvimento da região metropolitana de São Paulo.

A partir da década de 1990, os fluxos migratórios entre as regiões brasileiras sofreram importantes modificações. Por exemplo, na metrópole de São Paulo, o saldo migratório já é negativo, ou seja, há mais gente saindo do que entrando na área metropolitana.

As principais regiões receptoras de migrantes são o Sudeste e o Centro-Oeste. O Norte apresenta um pequeno saldo positivo quanto à entrada de migrantes. O Sul apresenta um pequeno saldo negativo. Observam-se importantes fluxos migratórios de nordestinos e sulistas para porções do Centro-Oeste, Amazônia e Nordeste.

A maior parte desses migrantes estão em busca de acesso à terra nas áreas de avanço da agroindústria, a chamada "fronteira agrícola". Um dos exemplos é a grande concentração de gaúchos no sul de Mato Grosso do Sul, Goiás, Mato Grosso, sul do Maranhão (região de Balsas), sul do Piauí e oeste da Bahia (região de Barreiras), onde dedicam-se à agricultura moderna e mecanizada de cultivos como a soja.

Também se verifica um aumento significativo do fluxo migratório para regiões metropolitanas das regiões Sul e Nordeste, a exemplo de Curitiba, Fortaleza, Recife e Salvador.

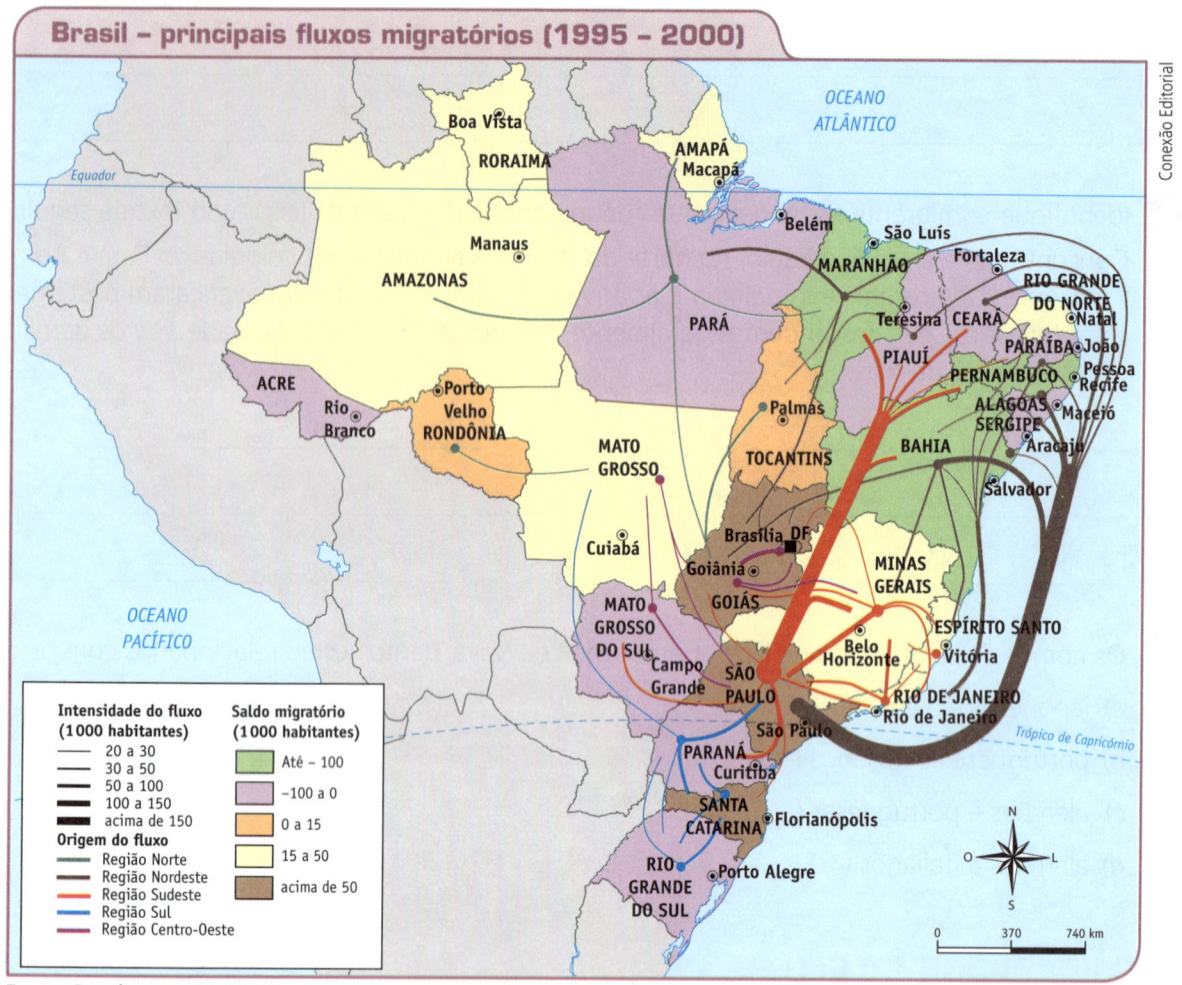

**Brasil – principais fluxos migratórios (1995 – 2000)**

Fonte: Com base em FERREIRA, Graça Maria Lemos. *Atlas Geográfico Espaço Mundial*. São Paulo: Moderna, 2010.

## ATIVIDADES

1. Interprete o gráfico sobre a participação percentual da Região Nordeste no total da população brasileira ao longo do tempo.

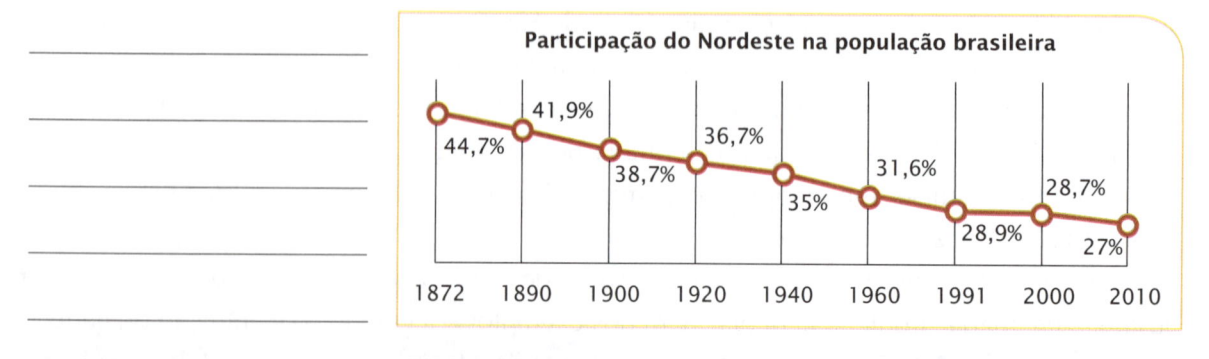

**Participação do Nordeste na população brasileira**

| Ano | 1872 | 1890 | 1900 | 1920 | 1940 | 1960 | 1991 | 2000 | 2010 |
|---|---|---|---|---|---|---|---|---|---|
| % | 44,7% | 41,9% | 38,7% | 36,7% | 35% | 31,6% | 28,9% | 28,7% | 27% |

58

**2** Elabore um pequeno texto a partir da interpretação da imagem a seguir, de migrantes e trabalhadores urbanos.

*Segunda Classe*, de Tarsila do Amaral, 1933.

_____
_____
_____
_____
_____
_____

**3** Quais são as regiões brasileiras onde aconteceu um grande aumento na recepção de migrantes nas últimas décadas? Justifique.

_____
_____
_____
_____
_____

**4** No Brasil, é possível dizer que as condições de vida de milhares de trabalhadores rurais ainda estimulam o êxodo rural? Justifique sua resposta.

_____
_____
_____
_____
_____

## Êxodo rural, urbanização e industrialização

A partir do século XX, o Brasil sofreu expressivas modificações econômicas que implicaram mudanças na distribuição de sua população. Na década de 1940, apenas 31% da população brasileira habitava as cidades. Isto é, quase 70% dos brasileiros moravam na zona rural. Naquele período, a economia do país era dominantemente agrícola, mas já acontecia um significativo crescimento industrial em algumas cidades do país, como São Paulo e Rio de Janeiro.

Vista aérea de Fortaleza em 1936, período em que o país era pouco industrializado.

No decorrer do século XX, o quadro da distribuição da população entre o campo e a cidade se inverteu e hoje o percentual de população urbana é cerca de 83%. Na atualidade, as grandes e médias cidades brasileiras já concentram 48,7% da população urbana brasileira. A região mais urbanizada é o Sudeste com 90,52%. O Nordeste é a região com menor urbanização, 69,07%.

O Brasil sofreu um intenso processo de urbanização em que o crescimento da população urbana aconteceu em ritmo mais acelerado que o da população rural. Uma das causas que concorreram para a urbanização foi a industrialização, uma vez que as indústrias concentraram-se no meio urbano, permitindo o aumento da oferta de empregos nos setores primário e terciário. Assim, as cidades tornaram-se um atrativo para populações rurais que desejavam melhorar sua qualidade de vida e ter acesso a empregos com salários mais elevados. Desse modo, o êxodo rural, ou seja, a migração do campo para cidade, foi intensificado.

### ATIVIDADES

**1** O que é urbanização?

___

___

___

**2** Cite as principais causas da acelerada urbanização no Brasil no decorrer do século XX.

_____
_____
_____
_____
_____

## O meio urbano

As pessoas que moram nas cidades percebem com facilidade os elementos da paisagem urbana, a grande densidade de moradias e edifícios, as ruas e avenidas, o grande número de automóveis, o transporte coletivo, as redes de abastecimento de água e energia, além das áreas de lazer.

As atividades econômicas e o trabalho também são diferentes das verificadas nas zonas rurais. O meio urbano concentra as atividades econômicas dos setores secundário (indústria) e terciário (comércio, escritórios de empresas particulares, serviços públicos, entre outras atividades).

### Você sabia?

#### Urbanização nos países ricos

Nos países ricos, denominados desenvolvidos, a urbanização é mais antiga, visto que foi dinamizada pela Revolução Industrial, especialmente a partir do século XIX. Nesses países, a urbanização deu-se em paralelo com a industrialização e a modernização do campo. A mão de obra rural viu-se atraída, gradativamente, pela maior oferta de empregos na indústria, no comércio e nos serviços.

Hoje, as cidades desses países são mais organizadas e mais bem administradas quando comparadas às dos países pobres. A maioria da população conseguiu acesso à saúde, à educação, à moradia, ao transporte coletivo de boa qualidade e a áreas de lazer satisfatórias. Nos países ricos, o percentual de população urbana é bastante elevado. No Reino Unido, cerca 91,5 % da população já é urbana.

Condomínio de classe média.

#### Urbanização nos países pobres

Nos países pobres, o processo de urbanização foi tardio, ou seja, intensificou-se a partir de meados do século XX. Os países que mais se urbanizaram foram os que se industrializaram, a exemplo do Brasil, México, Argentina, África do Sul e Coreia do Sul.

Na China e na Índia, os países mais populosos do mundo, apesar da industrialização e urbanização aceleradas, ainda cerca de 60% da população habita áreas rurais. Nos países mais pobres do mundo, com economia baseada na agropecuária, a urbanização foi menos significativa. É o caso de muitos países africanos e asiáticos, onde predomina a população rural. No Paraguai, por exemplo, a população urbana não chega a 49%. Em Papua Nova Guiné, nação localizada na Oceania, com economia agrária e de subsistência, apenas 17% da população se concentra nas cidades.

# Metropolização

Em diversos países como o Brasil, o processo de urbanização caracterizou-se pela metropolização. Ou seja, aconteceu a formação das grandes metrópoles, cidades que exercem comando e atração econômica e cultural sobre o restante do território. Essas metrópoles constituem a forma geográfica que melhor propicia a acumulação capitalista, visto que nelas acontece a concentração de mercado consumidor, trabalhadores, serviços públicos e particulares e atividades econômicas e financeiras.

Na década de 1950, a maioria das metrópoles localizava-se nos países ricos. A partir de então, com o maior crescimento demográfico dos países pobres, houve o intenso crescimento de metrópoles dos países periféricos, a exemplo de São Paulo, Rio de Janeiro (Brasil); Buenos Aires (Argentina); Cairo (Egito); Lagos (Nigéria); Seul (Coreia do Sul), Mumbai – antiga Bombai (Índia); Jacarta (Indonésia) e Xangai (China).

## Metrópoles globais

Hoje, as metrópoles com maior influência são chamadas de metrópoles globais. São exemplos: Nova York, Tóquio, Londres, Paris, Frankfurt, Xangai, Sydney, Cidade do México, Joanesburgo e São Paulo. Constituem pontos privilegiados de conexão de seus países com o restante do planeta.

As metrópoles globais concentram a sede de grandes empresas nacionais e escritórios de transnacionais responsáveis pelo comando da economia. Apresentam uma sofisticada rede de telecomunicações e transportes, o que propicia um contato rápido com várias partes do mundo.

## Conurbação e regiões metropolitanas

As cidades apresentam um crescimento horizontal, ou seja, espalham-se por amplas áreas e acabam juntando-se com outras cidades, resultando numa única mancha continuamente urbanizada. Esse fenômeno é chamado de conurbação. A partir disso, formam-se áreas urbanas integradas por várias cidades interdependentes abrangendo o território de vários municípios.

Em muitas cidades, à medida que os preços dos terrenos ficam valorizados e mais elevados, acontece o fenômeno do crescimento vertical (verticalização), com o surgimento de numerosos edifícios residenciais e comerciais. Também acontece o crescimento rumo ao subsolo, a exemplo dos estacionamentos subterrâneos e das linhas do metrô.

As várias cidades conurbadas acabam compartilhando serviços públicos e particulares, isto é, funcionam de maneira interdependente. Por exemplo, uma pessoa que mora em um determinado município precisa trabalhar na cidade vizinha. Para viabilizar o transporte, existe uma linha de ônibus que sai de um município e vai para o outro. A conurbação e a interdependência entre as cidades levou à formação das regiões metropolitanas.

Na maior parte das vezes, a região metropolitana é formada por uma cidade importante, a cidade central da metrópole. Essa metrópole consegue polarizar ou influenciar as cidades vizinhas, uma vez que é a mais importante do ponto de vista populacional, econômico e cultural. Por exemplo, a região metropolitana do Rio de Janeiro é polarizada pela metrópole do Rio de Janeiro e abrange outras cidades, como Niterói, Duque de Caxias, Nilópolis, São Gonçalo, entre outras.

Imagem de satélite da região metropolitana do Rio de Janeiro (2004). As áreas urbanas estão em roxo, as áreas florestais, em verde.

> **Você sabia?**
>
> ### Novas regiões metropolitanas, o colar metropolitano e a Ride
>
> A partir da década de 1990, observou-se a expansão do fenômeno metropolitano no Brasil. Em Santa Catarina, ocorreu a formação de cinco pequenas regiões metropolitanas: Florianópolis, Joinville, Blumenau, Criciúma e Tubarão. Em Minas Gerais, o exemplo é a região de Ipatinga, no Vale do Aço. Em São Paulo, Campinas e Baixada Santista. No Nordeste, despontaram as áreas metropolitanas de Maceió, Natal e São Luís.
>
> Em alguns estados, como Santa Catarina e Minas Gerais, algumas cidades estão cada vez mais interdependentes em termos de serviços e equipamentos urbanos. Essas cidades formam um colar metropolitano ou área de expansão da região metropolitana, a exemplo da área de expansão da região metropolitana do Vale do Itajaí, polarizado pela cidade de Blumenau.
>
> No caso de Brasília, tem-se a Ride – Região Integrada de Desenvolvimento do Distrito Federal e Entorno, integrada por Brasília, cidades-satélites e cidades de Goiás e Minas Gerais. Trata-se de um conjunto de municípios que devido a sua interdependência precisam de ações integradas de planejamento.
>
> **Vale do Itajaí e área de expansão**
>
> Legenda:
> - Núcleo urbanizado
> - Região metropolitana
> - Área de expansão
>
> Fonte: Com base em *Atlas Escolar Geográfico*. São Paulo: IBEP/Nacional, 2008.

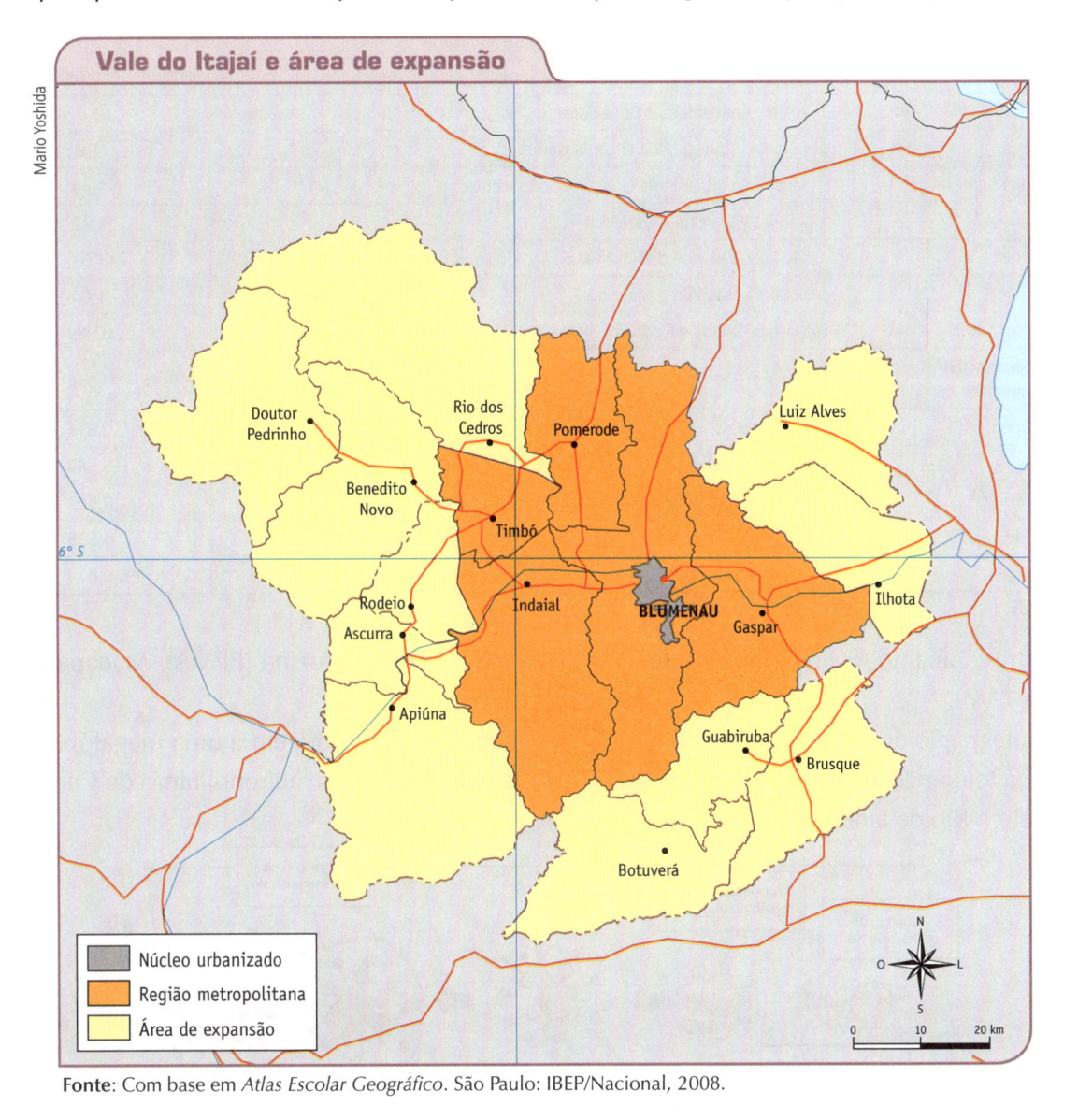

A seguir, observe a lista das regiões metropolitanas existentes no Brasil na atualidade.

### Brasil – Regiões metropolitanas (população em milhões de habitantes)

| Regiões | Algumas cidades | População em milhões de habitantes |
|---|---|---|
| 1. São Paulo | São Paulo, Guarulhos, Santo André, São Caetano do Sul, Osasco e Mogi das Cruzes. | 20,5 |
| 2. Rio de Janeiro | Rio de Janeiro, Niterói, São Gonçalo e Duque de Caxias. | 11,8 |
| 3. Belo Horizonte | Belo Horizonte, Betim, Contagem e Sabará. | 4,5 |
| 4. Porto Alegre | Porto Alegre, Canoas, São Leopoldo e Novo Hamburgo. | 3,9 |
| 5. Salvador | Salvador, Camaçari, Simões Filho e Lauro de Freitas. | 3,76 |
| 6. Recife | Recife, Olinda, Paulista e Jaboatão dos Guararapes. | 3,73 |
| 7. Fortaleza | Fortaleza, Caucaia, Maracanaú e Maranguape. | 3,5 |
| 8. Brasília (Ride – Região Integrada de Desenvolvimento do Distrito Federal e Entorno) | Brasília, cidades-satélites e cidades goianas e mineiras no entorno do Distrito Federal, como Águas Lindas de Goiás (GO), Luziânia (GO) e Buritis (MG). | 3,4 |
| 9. Curitiba | Curitiba, São José dos Pinhais, Pinhais e Araucária. | 3,1 |
| 10. Campinas | Campinas, Hortolândia, Valinhos e Sumaré. | 2,6 |
| 11. Belém | Belém, Ananindeua e Benevides. | 1,7 |
| 12. Goiânia | Goiânia, Aparecida de Goiânia e Trindade. | 1,6 |
| 13. Baixada Santista | Santos, Guarujá, Praia Grande e São Vicente. | 1,47 |
| 14. Vitória | Vitória, Vila Velha e Cariacica. | 1,42 |
| 15. São Luís | São Luís, São José do Ribamar e Paço do Lumiar. | 1,07 |
| 16. Natal | Natal, Parnamirim e Macaíba. | 1,04 |
| 17. Maceió | Maceió, Saluba e Coqueiro Seco. | 0,989 |
| 18. Joinvile (Norte/Nordeste Catarinense) | Joinville, São Francisco do Sul e Jaraguá do Sul. | 0,926 |
| 19. Florianópolis | Florianópolis, São José e Palhoça. | 0,816 |
| 20. Londrina | Londrina, Cambe e Ibiporã. | 0,647 |
| 21. Vale do Aço | Ipatinga e Coronel Fabriciano. | 0,563 |
| 22. Vale do Itajaí | Blumenau e Brusque. | 0,538 |
| 23. Maringá | Maringá e Sarandi. | 0,474 |

**Fonte:** IBGE.

Outras: Tubarão (SC), Cariri (CE), Juazeiro-Petrolina (BA/PE), Terezina (PI/MA), Macapá (AP) e Manaus (AM).

A integração de duas ou mais regiões metropolitanas pode dar origem a uma megalópole. No Brasil, há tendência de formação de uma megalópole entre as regiões metropolitanas de Campinas, São Paulo e Rio de Janeiro.

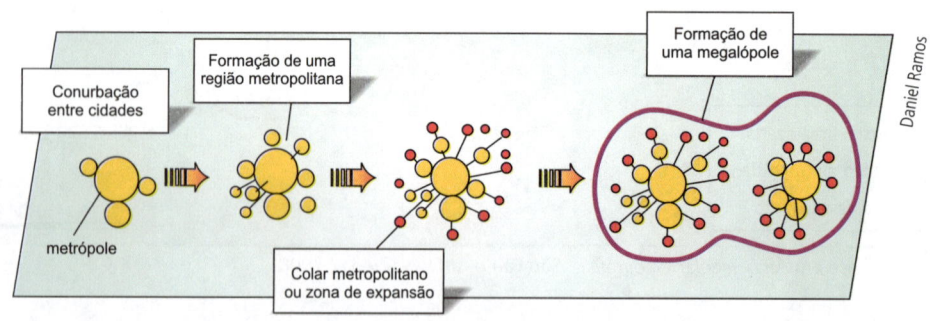

**Regiões metropolitanas do Brasil**

Fonte: IBGE. *Atlas Geográfico Escolar*. Rio de Janeiro, 2009.

## Rede hierárquica de cidades no Brasil

As cidades se relacionam de maneira hierarquizada. De modo geral, as pequenas cidades são subordinadas às de maior porte, uma vez que estas possuem serviços e equipamentos urbanos mais especializados e variados. No Brasil, temos a seguinte hierarquia urbana:

- Metrópoles globais: o Brasil apresenta duas, São Paulo e Rio de Janeiro. São Paulo é a principal, uma vez que é mais populosa, cosmopolita (diversas etnias, religiões e imigrantes), constituindo o centro financeiro do Brasil.

- Metrópoles nacionais: são metrópoles que apresentam importante influência sobre o território brasileiro: Belo Horizonte, Porto Alegre, Curitiba, Brasília, Fortaleza, Recife e Salvador.

- Metrópoles regionais: são metrópoles que apresentam influência sobretudo nas suas regiões: Campinas, Manaus, Belém e Goiânia.

**65**

- Centros regionais: são cidades relevantes do ponto de vista econômico, porém com influência em seus estados: Ribeirão Preto, Santos, São José dos Campos, Porto Velho, Rio Branco, Florianópolis, Vitória, Campo Grande, Cuiabá, Natal, São Luís, João Pessoa, Teresina, Aracaju e Maceió.

O IBGE apresenta outra classificação que não invalida a anterior. São Paulo também pode ser classificada como grande metrópole nacional. Rio de Janeiro e Brasília como metrópoles nacionais e cidades como Belém, Manaus, Goiânia, Salvador, Recife, Fortaleza, Belo Horizonte, Porto Alegre e Curitiba como metrópoles. Observe no mapa a seguir.

Prédios residenciais em Belém (PA).

**Brasil – rede urbana**

Hierarquia dos centros urbanos
- ◉ Grande metrópole nacional
- ● Metrópole nacional
- ● Metrópole
- • Capital regional muito importante
- ○ Capital regional importante
- ○ Centro sub-regional
- Cores indicam a região de influência metropolitana

**Fonte**: Com base em FERREIRA, Graça Maria Lemos. *Atlas Geográfico Espaço Mundial*. São Paulo: Moderna, 2010.

## Sítio urbano

O sítio urbano refere-se ao relevo onde a cidade foi construída. Existem cidades construídas em planícies de grandes rios, como as cidades de Manaus e Paris. Outras foram implantadas em desembocaduras de rios (estuários), como é o caso do Recife, permitindo comunicação com o interior e a construção de portos. Outras apresentaram sítio em acrópole, ou seja, a partir de uma porção mais elevada do terreno (colina), como é o caso de São Paulo e Atenas.

## Funções das cidades

As cidades podem apresentar funções que, na maioria das vezes, constituem atividades econômicas e culturais importantes. Na atualidade, as metrópoles brasileiras desempenham várias funções. São Paulo é predominantemente comercial e financeira. O Rio de Janeiro é uma cidade comercial e portuária. Salvador é comercial e turística. Veja outros exemplos a seguir:

- turística: Natal (RN), Campos do Jordão (SP) e Ouro Preto (MG);
- comercial: Caruaru (PE) e Campina Grande (PB);
- industrial: São Bernardo do Campo (SP) e Camaçari (BA);
- portuária: Santos (SP) e Paranaguá (PR);
- religiosa: Aparecida (SP) e Juazeiro do Norte (CE).

Aparecida, localizada no Vale do Paraíba (SP). Trata-se de uma cidade com importância religiosa e turística.

### ATIVIDADES

1. Cite duas diferenças entre a urbanização dos países ricos e a urbanização dos países pobres como o Brasil.

**2** O que é metrópole?

_____
_____
_____
_____
_____

**3** O que é metrópole nacional?

_____
_____
_____
_____
_____

**4** É exemplo de metrópole nacional:

a) Campinas (  )

b) Manaus (  )

c) Goiânia (  )

d) Belo Horizonte (  )

**5** Mencione algumas características e dê dois exemplos de metrópole mundial.

_____
_____
_____
_____

**6** São metrópoles globais:

a) Brasília e Rio de Janeiro (  )

b) Brasília e São Paulo (  )

c) São Paulo e Brasília (  )

d) São Paulo e Rio de Janeiro (  )

**7** O que é conurbação? Dê um exemplo.

___

**8** O que é megalópole?

___

**9** O que é colar metropolitano ou área de expansão? Dê um exemplo.

___

**10** O que é a RIDE? É correto afirmar que a RIDE apresenta pouca desigualdade entre as cidades?

___

## Crescimento desordenado e exclusão social

As cidades brasileiras, em especial as grandes e médias, apresentam diversos problemas sociais, uma vez que refletem uma sociedade bastante desigual. Diversas cidades são exemplos de acumulação de riqueza, no entanto, como a renda é mal distribuída, acumulam problemas como a exclusão social, a violência e a degradação do meio ambiente.

O processo de urbanização brasileiro foi muito rápido e algumas regiões metropolitanas expandiram-se de forma desordenada e sem planejamento adequado. Os investimentos em moradia, transporte coletivo, escolas, hospitais e redes de abastecimento de água e esgoto não foram suficientes para atender as necessidades da população. No Brasil, apenas 59% dos domicílios são atendidos pela rede de esgoto. Dos domicílios brasileiros, 88% têm acesso à coleta de lixo, 84% à rede de água encanada e 98% apresentam acesso à rede elétrica.

No Brasil, grandes empresas influenciam bastante na forma com que o espaço urbano é moldado. Destaca-se o poder das construtoras e companhias imobiliárias responsáveis por grandes obras e pela especulação imobiliária. A distorção é que na maior parte das vezes os interesses dessas empresas não é o interesse público.

As grandes empresas visam aumentar sua lucratividade. Em muitos municípios, são notórios os casos de recursos destinados para obras de grande porte em bairros ricos, como túneis e novas avenidas. Enquanto isso, nos bairros periféricos faltam recursos para investir em áreas sociais como saúde, educação, creches, transporte coletivo e saneamento básico.

Goiânia tem sofrido com a especulação imobiliária.

## Moradia

O Brasil apresenta um grande déficit habitacional, ou seja, faltam moradias para as populações mais carentes. Calcula-se que 10 milhões de pessoas vivam em domicílios precários e improvisados no Brasil. Os bairros luxuosos e de classe média contrastam com as favelas, os cortiços e os loteamentos clandestinos. Muitos são completamente excluídos e vivem nas ruas debaixo de pontes. Por um lado, há falta de moradia, por outro, existem milhares de terrenos e imóveis que ficam vazios ou desocupados, pois não conseguem ser alugados ou são destinados à especulação imobiliária.

Estima-se que cerca de 10% dos domicílios urbanos do Brasil são resultado de ocupação irregular dos terrenos. Em São Paulo, essa proporção chega a 30% das habitações construídas em áreas invadidas. No Recife, a porcentagem de moradias em loteamentos irregulares e clandestinos atinge 40%.

Edifício abandonado ocupado pelo Movimento dos Sem-Teto, São Paulo, 2003

### Você sabia?

## Moradores de rua

O extremo da exclusão social no Brasil é a parcela da população formada pelos moradores de rua. Em São Paulo, a maior e mais rica cidade do país, cerca de 10 mil pessoas moram nas ruas. Entre as principais causas que motivam essas pessoas a morar nas ruas estão a desigualdade social, o desemprego, a desestruturação familiar, além da incidência de alcoolismo e consumo de drogas. A população de rua é formada por moradores que nasceram na própria cidade e também por migrantes provenientes de outras regiões do país ou de zonas rurais empobrecidas.

Os moradores de rua enfrentam enormes dificuldades, como o preconceito social, a subnutrição, graves problemas de saúde.

A solução para essa questão social é bastante complexa, envolve o aprimoramento da assistência social e psicológica realizada pelo poder público e por instituições da sociedade civil. O resgate da autoestima e o retorno ao mercado de trabalho são medidas necessárias. Também é preciso melhorar o funcionamento e a ampliação das vagas nos albergues, além de estimular a criação de novas modalidades de moradia que atendam o perfil social dos moradores de rua.

Morador de rua.

### ATIVIDADES

**1** Quais são os problemas enfrentados pelos moradores de rua nas grandes cidades brasileiras?

**2** Produza um texto sobre as condições de moradia no Brasil a partir da interpretação da imagem abaixo.

Favela em Belo Horizonte (MG).

## Bairros da periferia, conjuntos habitacionais e loteamentos clandestinos

Os bairros periféricos das grandes e médias cidades concentram grande parte dos trabalhadores de baixa renda. Esses bairros apresentam diversos problemas como:

- deficiência nos serviços públicos de saúde, educação e cultura;
- falta de arborização, havendo poucas praças e parques públicos;
- precariedade na segurança pública com policiamento ineficiente;
- graves deficiências no saneamento básico (acesso à água potável, rede de esgotos e coleta de lixo), pavimentação de ruas e acesso à rede elétrica.

São áreas onde existem vários tipos de moradias populares como as casas de autoconstrução. Isto é, em muitos loteamentos clandestinos da periferia, os moradores se reúnem e constroem suas próprias casas por meio do sistema de mutirão.

Esses bairros também podem apresentar grandes conjuntos habitacionais, um tipo de moradia cuja construção foi iniciativa do poder público. O problema é que esses conjuntos habitacionais são construídos na periferia das cidades, locais distantes das áreas onde os moradores trabalham.

## Cortiços

Os cortiços são casarões e prédios antigos e desvalorizados situados em áreas centrais das metrópoles. Os cortiços são habitados por muitas famílias que ocupam espaços reduzidos. As condições dos imóveis são bastante precárias. Muitas vezes, existe apenas um único banheiro a ser utilizado por várias famílias. A fiação elétrica costuma estar deteriorada, aumentando o risco de incêndio.

Os moradores dos cortiços são trabalhadores de baixa renda que preferem morar em bairros próximos aos locais de trabalho, visto que, se morassem na periferia, demorariam horas para chegar até o centro e gastariam grande parte de seus salários com transporte coletivo. Estima-se que, na metrópole de São Paulo, cerca de 600 mil pessoas vivam em cortiços.

## Favelas

Milhões de trabalhadores brasileiros de baixa renda vivem em favelas. Nas cidades médias e nas metrópoles formam um mosaico de pequenos barracos, muitos construídos com material improvisado como madeira, ferro velho, papelão e plásticos. Em algumas favelas, como a da Rocinha, no Rio de Janeiro, a maioria das habitações é de alvenaria (utilização de tijolos e blocos). A infraestrutura e os serviços sociais são precários. São áreas carentes em saúde, educação, saneamento básico, creches, rede elétrica e áreas de lazer.

Favela da Rocinha em encostas da Zona Sul do Rio de Janeiro.

Nas favelas, o processo de ocupação dos terrenos é irregular. Na maior parte das vezes, prefere-se a ocupação de terrenos públicos e em sítios de risco como morros e ao longo de córregos. Em cidades como Rio de Janeiro, Belo Horizonte, Salvador e Santos, as favelas ocupam morros sujeitos a deslizamentos nos períodos chuvosos. Em São Paulo, favelas distribuem-se ao longo de planícies de rios sujeitas às enchentes. No Recife, favelas em palafitas ocupam áreas de mangue e praia sujeitas a danos causados pela maré alta. Também existem favelas ao longo de avenidas e rodovias, debaixo de viadutos e algumas delas próximas aos bairros ricos e de classe média. Na metrópole de São Paulo, cerca de 1,1 milhão de pessoas moram em favelas, mais de 10% da população da cidade.

### Você sabia?

#### Bairros de classe alta e média alta

Os condomínios fechados nos bairros de classe alta e média alta, de modo geral, são bairros arborizados, com infraestrutura adequada, construções mais sofisticadas e onde os preços dos terrenos são elevados. Esses bairros têm serviços urbanos diversificados como hospitais, escolas e shoppings centers. A partir da década de 1980, em razão do aumento da violência urbana, cresceu o número de condomínios fechados, localizados em municípios periféricos das regiões metropolitanas.

### Você sabia?

#### Trânsito e transporte coletivo

Você já pegou um ônibus em sua cidade? Gostou do serviço prestado pela empresa? O ônibus era confortável ou precário? Demorou para passar ou foi rápido? Você já utilizou trem de passageiros? A sua cidade tem metrô? Você já ficou um tempão no carro com sua família, preso num congestionamento?

Por que as cidades brasileiras possuem tantos problemas de trânsito e de transporte? Nas cidades, o transporte coletivo é responsável pela mobilidade de grande parte dos habitantes. Os principais meios utilizados são o ônibus, o metrô, o trem e, recentemente, as peruas e vans que integram as lotações. Muitas vezes, o transporte é precário.

Em algumas metrópoles, acontecem intensas migrações pendulares, isto é, o movimento que as pessoas realizam entre suas casas e locais de trabalho e de estudo diariamente. Milhares de trabalhadores perdem horas no trajeto entre suas residências e os bairros comerciais e industriais. Por vezes, ônibus, metrô e trens urbanos costumam ficar superlotados nos horários de maior fluxo, especialmente no início da manhã e no final da tarde.

Nas regiões metropolitanas, municípios inteiros podem ser considerados como "cidades-dormitório", visto que apresentam poucas atividades econômicas e a maioria da população acaba trabalhando nas cidades mais ricas e industrializadas. Por exemplo, a maioria dos trabalhadores de cidades como Francisco Morato, Ferraz de Vasconcelos e Itaquaquecetuba vai trabalhar diariamente em São Paulo.

Estação ferroviária da Luz, em São Paulo (SP).

O baixo investimento no transporte coletivo faz com que parte da população seja induzida a utilizar o automóvel. As consequências são os enormes congestionamentos, o expressivo número de acidentes e a elevação da poluição do ar.

Esses problemas podem ser amenizados nas metrópoles brasileiras apenas com vultosos investimentos em transporte coletivo de boa qualidade. Um exemplo é o metrô, um dos meios de transporte mais eficientes. No entanto, em metrópoles como São Paulo e Rio de Janeiro, a rede metroviária ainda é pequena, não atingindo a maioria dos bairros. Entre as metrópoles brasileiras, as que apresentam melhor transporte coletivo são Curitiba e Porto Alegre.

## ATIVIDADES

**1** Identifique o tipo de moradia representado na fotografia. Descreva a foto e mencione as características desse tipo de moradia.

_____

Palacete da Vila Itororó em bairro central de São Paulo (SP), 2008.

**2** Explique os riscos da expansão de favelas e loteamentos clandestinos em morros.

_____

75

**3** O mapa representa qual fenômeno urbano? Explique.

_____

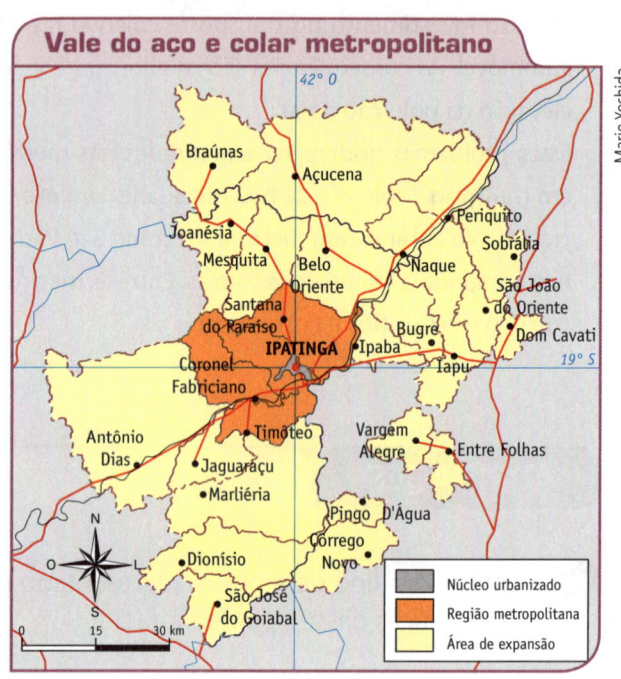

**Vale do aço e colar metropolitano**

Fonte: Com base em *Atlas Escolar Geográfico*. São Paulo: IBEP/Nacional, 2008.

**4** A partir da leitura do mapa abaixo, resolva os itens.

a) Quais estados apresentam mais de 5,1% dos domicílios localizados em favelas?

_____

b) Cite 3 estados de regiões diferentes com menos de 0,5% dos domicílios localizados em favelas.

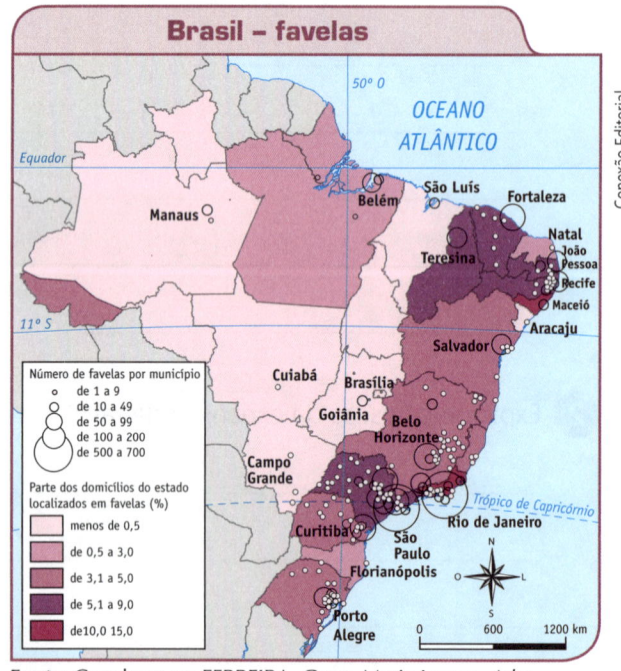

_____

**Brasil – favelas**

Fonte: Com base em FERREIRA, Graça Maria Lemos. *Atlas Geográfico Espaço Mundial*. São Paulo: Moderna, 2010.

c) Considerando as regiões Norte, Nordeste, Sul, Sudeste e Centro-Oeste, mencione a cidade com maior número de favelas em cada região.

_____

**5** A partir da leitura do texto a seguir, resolva os itens.

## A vida da dona Adelaide

Dona Adelaide tem 80 anos e há 30 anos mora na favela, em um morro da cidade. Seu marido já morreu e seus sete filhos estão todos casados. Dona Adelaide tem muitos netos e quase todos moram no morro, junto com seus pais.

Ela veio, há muitos anos, da zona rural, pois seu marido foi despedido da fazenda onde trabalhavam e moravam como empregados, sem direito à indenização. Dona Adelaide quase não estudou, pois teve de trabalhar desde pequena para ajudar a família. Aqui, na cidade, ela fez de tudo na vida: foi lavadeira, faxineira, babá, empregada doméstica, doceira, costureira, etc. Hoje, ela costuma contar para seus netos muita coisa a respeito da favela em que moram.

Ela lembra que ninguém na favela é dono do terreno em que mora. Mas, quando os primeiros moradores chegaram, a área da favela era um enorme matagal vazio no morro, sem casa ou sinal de que ali morava alguém. Todos os moradores atuais fizeram, então, suas casas, puxaram a luz da rua para terem eletricidade, fizeram valas para a água descer, construíram a caixa-d'água, enfim, fizeram muitas coisas para viverem melhor. Mas, não tiveram a ajuda de qualquer pessoa estranha ou do governo. Tudo foi feito nos fins de semana, uns ajudando os outros, em mutirão.

Dona Adelaide gosta da favela. Todos trabalham muito e ganham pouco, mas são muito amigos e se ajudam. Ela diz que a união fez a força da comunidade da favela. E ela tem razão. Várias vezes tentaram tirar as pessoas da favela, mas elas resistiram graças a sua associação de moradores.

Todos querem ficar no morro porque, nos bairros próximos, há emprego, escolas e tudo de que precisam. Se fossem morar em outro lugar, só poderia ser na periferia, longe do trabalho, quase sem transporte e sem recursos.

RUA, João. *Para Ensinar Geografia*. Rio de Janeiro: Access Editora, 1993.

a) Mencione o tipo de migração caracterizado no texto.

_____

_____

b) Explique a situação dos terrenos onde fica a favela.

_____

_____

_____

c) O que é mutirão?

_____

_____

_____

d) O governo investe na melhoria da qualidade de vida nas favelas?

_____

_____

_____

_____

**6** Identifique e explique o tipo de migração representada no mapa ao lado.

_____

_____

_____

_____

_____

_____

_____

**São Paulo e entorno – movimentos pendulares**

Deslocamento diário de habitantes
— 10 023 a 25 081
— 25 082 a 52 579
— 52 580 a 103 014

Fonte: Com base em FERREIRA, Graça Maria Lemos. *Atlas Geográfico Espaço Mundial*. São Paulo: Moderna, 2010.

**7** O problema urbano retratado na foto, comum em grandes metrópoles, é:

a) congestionamento de carros ( )

b) precariedade dos transportes públicos ( )

c) aumento de poluição atmosférica pelo excesso de veículos ( )

d) todas as anteriores ( )

São Paulo (SP).

### Saiba mais

No site da ONG Viver Cidades, há mais informações sobre os problemas e soluções para as cidades brasileiras. Acesse: www.vivercidades.org.br

# Capítulo 4

# DIVERSIDADE: ETNIAS, MULHERES, HOMOSSEXUAIS E PESSOAS COM NECESSIDADES ESPECIAIS

A diversidade cultural, religiosa, étnica, entre outras tem sido motivo de intolerância, preconceito e racismo em muitas partes do mundo. Atitudes de violência contra minorias são praticadas todos os dias.

Manifestação denunciando a violência contra as mulheres e chamando a atenção para a Lei Maria da Penha em Brasília – DF, 2010.

# A desigualdade étnica

A espécie humana apresenta uma incrível diversidade cultural e étnica. A palavra etnia deriva do grego "ethnos" e significa povo que compartilha a mesma identidade cultural e histórica e, por vezes, a mesma língua. Não existem "raças humanas", ou seja, todos os seres humanos pertencem a uma única espécie. Portanto, a desigualdade étnica e o racismo são construções sociais.

A população brasileira foi formada por vários grupos étnicos de brancos, negros, asiáticos e indígenas. Ao longo de séculos aconteceu uma acentuada miscigenação, resultando numa grande diversidade de mestiços (pardos, na classificação do IBGE).

Entre os principais grupos de mestiços, destacam-se: mulato (branco/negro), cafuzo (índio/negro) e mameluco (branco/índio). Estes grupos também se miscigenaram com os demais. Assim, a nação brasileira tornou-se muito particular, é fruto do encontro de uma diversidade étnica e cultural. Essa diversidade gerou o povo brasileiro. Mesmo aqueles que não são mestiços na pele, são mestiços na genética e na alma, ou seja, herdam uma cultura miscigenada e rica de ingredientes negros, indígenas e brancos.

## Composição étnica

Os negros foram introduzidos no continente americano como mão de obra escrava. Mesmo com seu importante papel na diversidade e riqueza cultural, em países como Estados Unidos e Brasil, ainda sofrem com o preconceito racial.

Em 1888, o Brasil foi o último país a eliminar o trabalho escravo na América. Até hoje, tipos de trabalho escravo ocorrem em regiões da África, Ásia e até no Brasil, o que é ilegal. A desigualdade étnica que persiste no país resulta de uma história de exclusão social que atingiu de maneira mais acentuada os negros, mestiços e povos indígenas.

O Brasil está longe de ser uma genuína "democracia racial", ou seja, a ideologia de que os grupos étnicos convivem no país em igualdade e harmonia. Os indicadores sociais de renda, educação e saúde comprovam uma profunda desigualdade racial combinada com a desigualdade social.

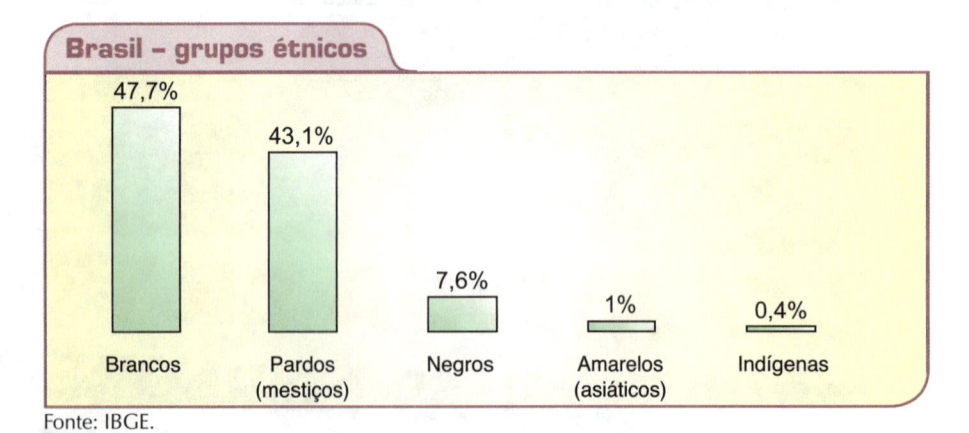

**Brasil – grupos étnicos**

| Grupo | Percentual |
|---|---|
| Brancos | 47,7% |
| Pardos (mestiços) | 43,1% |
| Negros | 7,6% |
| Amarelos (asiáticos) | 1% |
| Indígenas | 0,4% |

Fonte: IBGE.

De modo geral, a qualidade de vida dos brancos e asiáticos é melhor do que a verificada entre negros, pardos e indígenas. Os brancos e asiáticos apresentam maiores salários, além de melhores condições de saúde e de escolaridade. Isto é, os negros e pardos são os mais atingidos pela pobreza e miséria.

O índice de analfabetismo dos negros e pardos é mais elevado do que entre os brancos. Apenas 6% dos cargos de chefia nas empresas são ocupados por negros e pardos, havendo o predomínio de brancos.

Cabe lembrar que no Brasil, a prática de racismo é um crime. Mesmo assim, são pouquíssimas as pessoas punidas de maneira rigorosa por terem cometido atos racistas. Na vida política, a participação dos negros, mestiços e indígenas é reduzida. Ou seja, é pequeno o número de deputados, senadores, prefeitos e governadores negros e pardos. Também é reduzida a participação de negros e mestiços nos meios de comunicação, a exemplo das revistas, da publicidade e de programas de televisão.

### Medidas de ação *afirmativa*

Apesar das dificuldades, uma parte das populações mestiça e negra já conseguiu ascender socialmente e integra as classes média e alta. A partir da década de 1990, os empresários começaram a ficar mais atentos a esse segmento social, desenvolvendo produtos e serviços específicos destinados à população negra. Surgiram, inclusive, algumas revistas especializadas em melhorar a visibilidade do negro na mídia, contribuindo para o fortalecimento de sua autoestima.

Alguns países que apresentam desigualdade racial adotaram políticas sociais que permitiram a ascensão social de grupos étnicos discriminados ao longo da história. São políticas de *ação afirmativa*. Entre essas políticas, estão a implementação de cotas para os negros e mestiços em universidades e empresas, tanto públicas quanto particulares. Nações como os Estados Unidos e o Reino Unido implantaram políticas desse tipo e tiveram êxito.

Manifestação contra o racismo, na Universidade de Brasília, em Brasília (DF). Dez alunos de Guiné-Bissau sofreram um ataque na Universidade, três apartamentos que ocupam no alojamento estudantil foram incendiados e os extintores de incêndio de dois andares foram esvaziados. A polícia aponta uma ação racista. (Brasília, DF, 28 mar. 2007.)

### Comunidades remanescentes de Quilombos

No Brasil, existem muitas comunidades que descendem dos antigos quilombos, ou seja, áreas onde escravos fugitivos se abrigavam para não serem encontrados pelos seus proprietários. Na atualidade, essas áreas constituem aldeias e vilarejos no interior do país. Nessas comunidades, a propriedade da terra é coletiva e a economia é fundamentada na agricultura de subsistência (produção para o autossustento).

Existem cerca de 843 comunidades quilombolas no território brasileiro. A maioria delas é constituída por algumas dezenas de famílias. Algumas são maiores, a exemplo da comunidade Chapada do Norte no Vale do Jequitinhonha (MG) com 16 mil moradores. Em São Paulo, a região Vale do Ribeira, porção sul do estado, é a área com maior concentração.

Torna-se imprescindível o aperfeiçoamento das medidas para a conservação das tradições culturais dessas comunidades negras. Uma delas é a regularização e demarcação correta das terras, garantindo o título de posse das propriedades, protegendo as comunidades da ação de latifundiários e grileiros.

## ATIVIDADE

Observe o mapa e responda: Em que estados há maior número de comunidades remanescentes de quilombos?

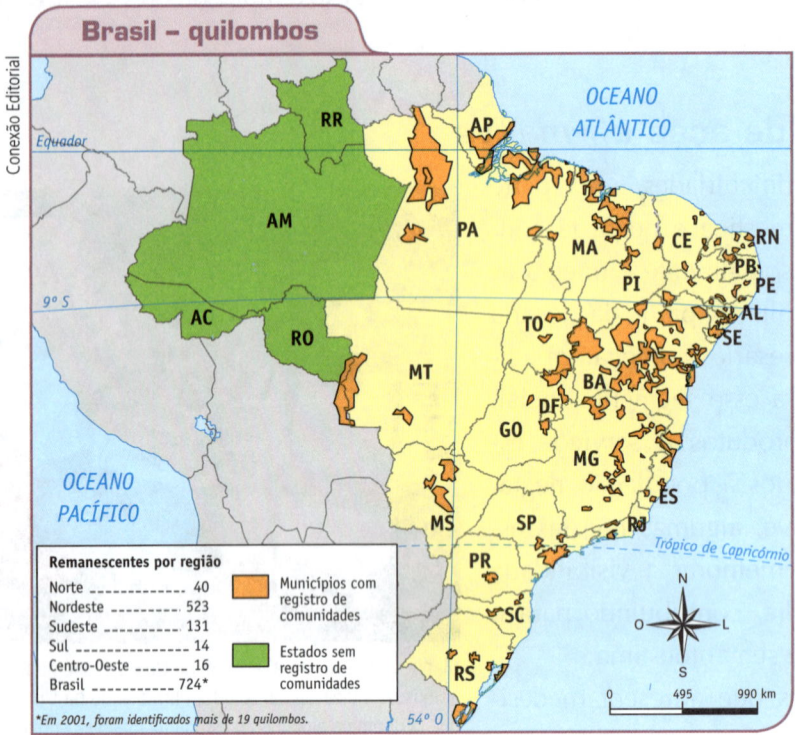

**Brasil – quilombos**

Remanescentes por região
- Norte .......... 40
- Nordeste ...... 523
- Sudeste ....... 131
- Sul ............. 14
- Centro-Oeste .. 16
- Brasil .......... 724*

*Em 2001, foram identificados mais de 19 quilombos.

Fonte: IBGE. *Atlas Geográfico Escolar*. Rio de Janeiro: IBGE, 2009.

___

### Você sabia?

### Sem cotas, Estatuto da Igualdade Racial é aprovado na CCJ do Senado

Sem políticas de cotas para negros na educação ou no mercado de trabalho, o Estatuto da Igualdade Racial foi aprovado por unanimidade nesta quarta-feira pela CCJ (Comissão de Constituição de Justiça) do Senado, depois de dez anos de tramitação no Congresso.

Apesar de os senadores admitirem que a proposta "não é perfeita nem a ideal", existe acordo entre os partidos para que o texto seja votado ainda hoje no plenário da Casa, para depois seguir à sanção presidencial. "O acesso à universidade e ao programa de pós-graduação, por expressa determinação constitucional, deve se fazer de acordo com o princípio do mérito e do acesso aos níveis mais elevados do ensino, da pesquisa e da criação artística segundo a capacidade de cada um", argumenta o relator do projeto, Demóstenes Torres (DEM-GO), em seu parecer.

Ele defendeu a agilidade na apreciação do projeto sobre cotas na educação que já tramita no Senado. Afirmou, porém, que as cotas devem ser sociais, e não raciais.

Caíram também os incentivos fiscais a empresas com mais de 20 empregados que mantenham uma cota mínima de 20% de trabalhadores negros, porque seriam uma discriminação reversa contra os brancos pobres, segundo entendimento dos senadores.

Representantes de movimentos de afrodescendentes que acompanharam a votação se disseram frustrados com o esvaziamento do projeto, mas afirmaram que a aprovação é uma vitória para a população negra.

O texto é um ponto de partida para que o governo e o Congresso passem a discutir políticas destinadas aos negros. Os movimentos já estão articulando com congressistas propostas para cada um dos trechos suprimidos do texto inicial.

O relator retirou todas as menções a "raça" do texto, apesar de o termo estar presente no nome do projeto. Demóstenes afirma que a idealização do estatuto partiu do mito da raça, mas "geneticamente, raças não existem".

"Deste modo, em vez de incentivar na sociedade a desconstrução da falsa ideia de que raças existem, por meio do estatuto, o Estado passa a fomentá-la, institucionalizando um conceito que deve ser combatido, para acabar com o preconceito e com a discriminação."

Na mesma linha, a proposta aprovada pela comissão rejeita a expressão "derivadas da escravidão", em artigo que trata da implementação de programas de ação afirmativa destinados a reparar distorções e desigualdades sociais.

A justificativa é que o estatuto deve "olhar para o futuro", buscando a justiça social para todos os injustiçados, sem limitação a descendentes de escravos.

Os senadores também suprimiram do texto o termo "fortalecer a identidade negra", sob o argumento de que não existe no país uma identidade negra paralela a uma identidade branca.

"O que existe é uma identidade brasileira. Apesar de existentes, o preconceito e a discriminação não serviram para impedir a formação de uma sociedade plural, diversa e miscigenada", defende o relatório de Demóstenes Torres.

Noeli Menezes, *Folha de S.Paulo*, 16/06/2010, fornecido pela Folhapress.

## Povos indígenas

O Brasil apresenta 215 etnias indígenas diferentes, configurando uma extraordinária diversidade cultural e linguística. Falam-se cerca de 180 línguas e dialetos. Os povos indígenas concentram-se nas 587 reservas indígenas do país que perfazem cerca de 11,92% do território nacional.

No início da colonização portuguesa, existiam aproximadamente 5 milhões de indígenas no que é o território brasileiro na atualidade. Desde então, a população indígena teve seu contingente bastante reduzido graças à proliferação de epidemias, extermínio, desagregação cultural e perda de parte de suas terras. Acredita-se que 87% das línguas indígenas foram extintas no processo de colonização.

Após séculos de redução demográfica, a boa notícia é que a população indígena está se recuperando aos poucos. Entre 1991 e 2000, o percentual de indígenas na população do país subiu de 0,2% para 0,4%. Na atualidade, o total é de 701 mil índios e a taxa de crescimento demográfico é de 2,85% ao ano. A região com maior proporção de população indígena é o Norte, com 1,6%.

Os povos indígenas são classificados conforme seu grau de contato com a sociedade brasileira, em isolados, de contato intermitente, de contato permanente e plenamente integrados. Os últimos já se expressam na língua portuguesa e encontram-se inclusive incorporados ao mercado de trabalho.

Ainda hoje, existem grupos isolados na Amazônia, ou seja, sem nenhum contato com a civilização ocidental ("homem branco"). Esses grupos ainda não contatados estão localizados nos estados do Amazonas, Rondônia, Pará e Mato Grosso. Um deles é o grupo corubo no Amazonas. O conhecimento das regiões habitadas por esses grupos é fundamental para que se possam tomar medidas para evitar conflitos como a invasão de terras por fazendeiros, garimpeiros e madeireiros, o que poderia acarretar na destruição dessas comunidades.

A maior parte das 587 áreas indígenas concentra-se na Amazônia e no Centro-Oeste. Muitos povos indígenas reivindicam a correta demarcação de suas terras. Os maiores problemas enfrentados são as constantes invasões promovidas por posseiros, latifundiários, madeireiros e garimpeiros.

Em 1967, o governo brasileiro criou um órgão responsável pelos povos indígenas, a FUNAI (Fundação Nacional do Índio). A função da Funai é a demarcação das terras indígenas e a proteção das comunidades remanescentes, inclusive com assistência nas áreas de educação e saúde quando necessário.

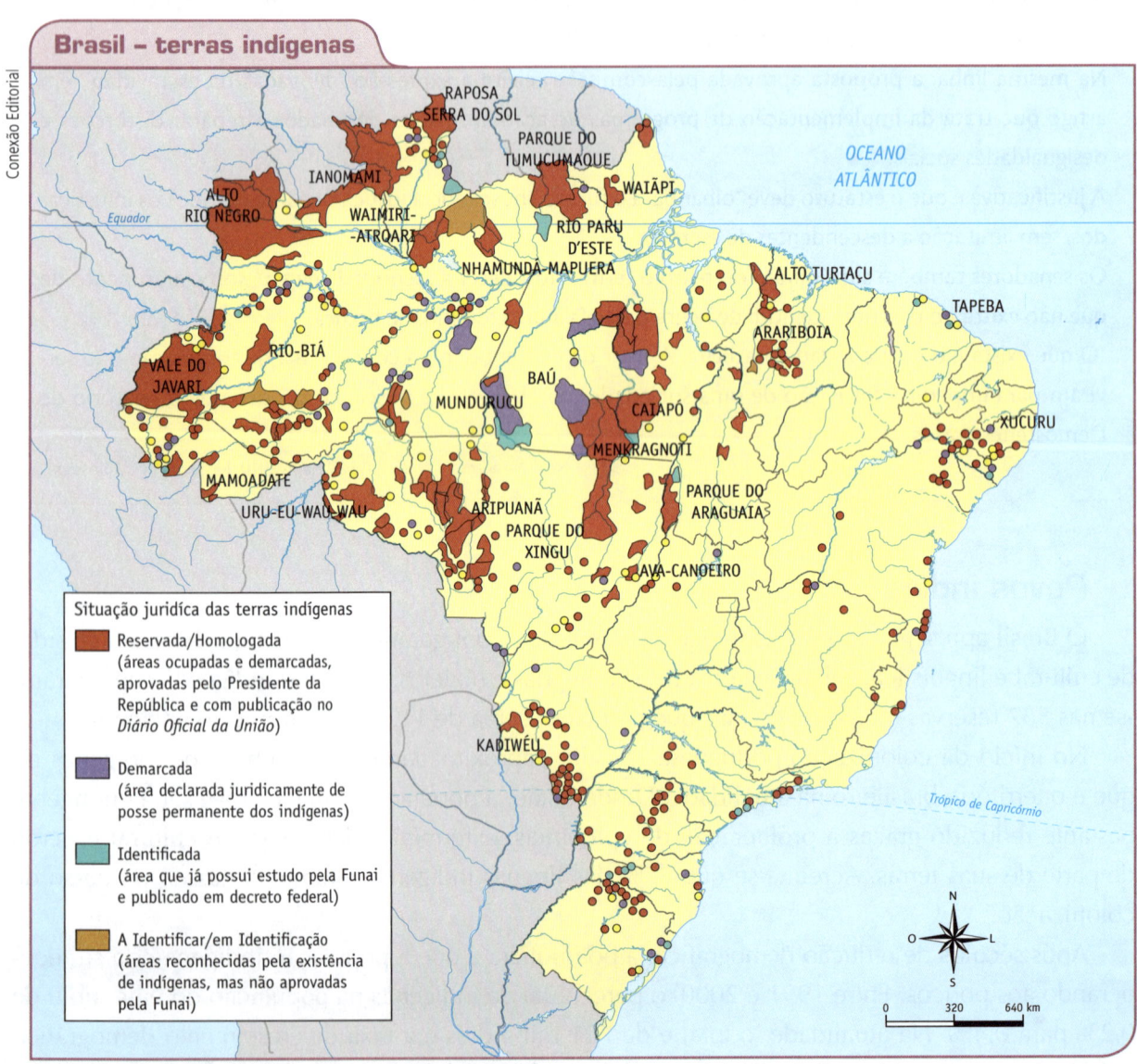

**Fonte**: Com base em FERREIRA, Graça Maria Lemos. *Atlas Geográfico Espaço Mundial*. São Paulo: Moderna, 2010.

# ATIVIDADES

**1** A partir da leitura do mapa a seguir, responda os itens abaixo.

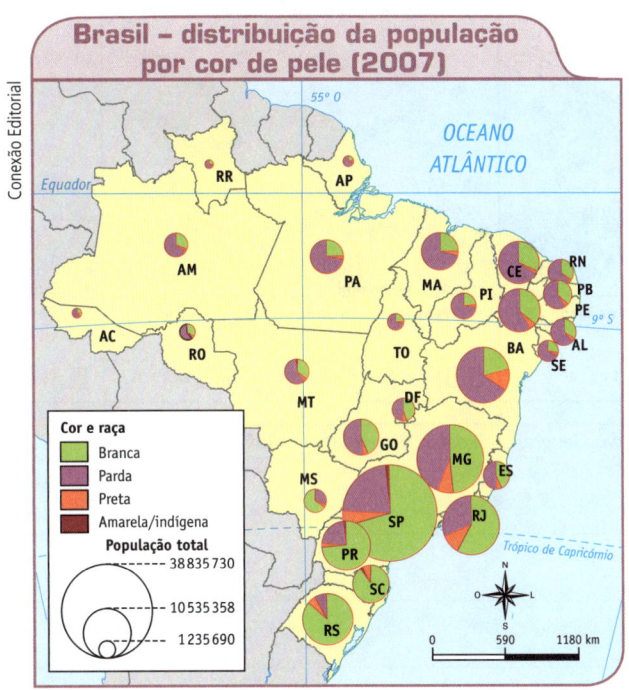

**Brasil – distribuição da população por cor de pele (2007)**

Fonte: Com base em IBGE. *Atlas Geográfico Escolar*. Rio de Janeiro: IBGE, 2009.

a) Cite 3 estados com mais de 50% de brancos na composição da população.
_____
_____
_____

b) Cite 3 estados com mais de 50% de pardos na composição da população.
_____
_____

c) Mencione estados com 10% ou mais de negros na composição da população.
_____
_____

d) Quais os 4 estados com maior população total?
_____
_____

**85**

**2** Discorra sobre a taxa de analfabetismo nos diferentes grupos étnicos do Brasil a partir da interpretação dos mapas a seguir.

**Brasil – analfabetismo por cor de pele**

Pessoas de 15 anos ou mais de idade (%)
Branca: 3,1 a 16,0 | 16,1 a 21,8
Parda: 5,7 a 13,5 | 13,6 a 24,1 | 24,2 a 33,5
Preta: 5,0 a 16,0 | 16,1 a 22,5 | 22,6 a 48,7

**Fonte**: Com base em IBGE. *Atlas Geográfico Escolar*. Rio de Janeiro: IBGE, 2009.

**3** Mencione os três principais grupos étnicos que formaram a população brasileira. O que é miscigenação? Cite um exemplo brasileiro de miscigenação.

**4** O que é desigualdade étnica?

**5** O que são as políticas de ação *afirmativa*? Cite um exemplo.

**6** A partir da interpretação dos dados da tabela abaixo, é possível afirmar que existe desigualdade étnica quanto à educação no Brasil? Justifique sua resposta.

| População com nível superior de escolaridade segundo o grupo étnico (acima de 25 anos de idade) | | | | | |
|---|---|---|---|---|---|
| Etnias | Brancos | Pardos | Amarelos | Negros | Povos indígenas |
| % | 82,8 | 12,2 | 2,3 | 2,1 | 0,1 |

**Fonte:** IBGE, 2006.

**7** No Brasil, é possível afirmar que todos os grupos étnicos estão representados corretamente nos programas de televisão, como, por exemplo, jornais e novelas? Justifique.

_____
_____
_____
_____
_____
_____

**8** A partir da interpretação do gráfico, é possível estabelecer uma relação entre desigualdade social e desigualdade racial? Justifique.

**Família com rendimento familiar *per capita* de até 1 salário mínimo por etnia**

BRANCOS — 12%
PARDOS — 24,5%
NEGROS — 30,4%

Fonte: PNAD/IBGE, 2001.

_____
_____
_____
_____
_____
_____
_____
_____
_____

**9** Quais os problemas enfrentados pelos povos indígenas brasileiros?

_____
_____
_____
_____
_____

**10** A partir de 1990 é possível dizer que a população indígena está:
   a) aumentando ( )
   b) diminuindo ( )
   c) permenece igual ( )

## Mulheres: a desigualdade de gênero

A desigualdade de gênero constitui a disparidade social, econômica e política existente entre homens e mulheres. Após milênios de opressão, uma das maiores conquistas das mulheres no século XX foi o avanço em termos de direitos sociais, políticos e econômicos em várias partes do planeta. Em vários países, as mulheres lutam por igualdade em relação aos homens.

Em algumas nações ricas, como a Suécia, o Canadá e a Austrália, as mulheres avançaram bastante, conquistando mais poder econômico e político. Para medir o grau de avanço das mulheres em diferentes partes do mundo, a ONU criou o IDG, ou seja, o Índice de Desenvolvimento de Gênero. Trata-se de um indicador que avalia a participação da mulher na renda, no mercado de trabalho e na escolaridade, além da expectativa de vida e do número de anos vividos a mais que os homens. Os países mais bem posicionados foram: Canadá, França e Noruega. O Brasil obteve apenas a 60ª colocação, ficando atrás de alguns dos nossos vizinhos, como o Uruguai e o Chile. Os países africanos, como Moçambique e Serra Leoa tiveram os piores resultados.

## A situação da mulher no Brasil

No que se refere à *estrutura sexual* da população, as mulheres são maioria no Brasil, perfazendo 50,8% dos habitantes. Porém, no mundo como um todo, existem mais homens do que mulheres, pois as mulheres são muito discriminadas em países populosos como China, Índia e Bangladesh.

No Brasil, as mulheres também apresentam maior expectativa de vida, cerca de 77 anos. Os homens vivem, em média, cerca de 69 anos. A maior esperança de vida das mulheres é explicada pelo maior índice de mortalidade entre os homens, inclusive de jovens. Esses homens são mais atingidos pelas causas externas de mortalidade relacionadas à violência urbana e aos acidentes de trânsito.

Em grande parte do mundo e no Brasil, aumentou substancialmente a participação feminina no mercado de trabalho. As brasileiras já representam mais de 42% da população economicamente ativa. Superando dificuldades, as mulheres lutam para ascender no mercado de trabalho e já ocupam postos em carreiras que antes eram redutos masculinos, como a engenharia e o setor militar. Apesar do avanço no mercado de trabalho, os cargos de chefia nas empresas ainda continuam dominados pelos homens, a participação feminina é de apenas 9%.

As mulheres também avançaram em educação, que já é superior à verificada entre os homens. A proporção de mulheres com 11 anos ou mais de estudo é de 35,1% contra 24,6% dos homens. Mesmo assim, a desigualdade nos salários continua, ou seja, as mulheres ganham menos que os homens e, em alguns casos, fazendo a mesma função. A remuneração pelo trabalho feminino representa cerca de 70% do rendimento masculino.

Muitas mulheres também enfrentam a dupla jornada de trabalho, ou seja, acumulam o trabalho doméstico com o trabalho formal. Apesar dos avanços, muitos homens ainda relutam a ajudar suas mulheres nos afazeres domésticos.

A partir da década de 1980, aumentou o número de mulheres chefes de família. Na atualidade, elas chefiam cerca de 30% das famílias brasileiras, isto é, exercem poder de comando, inclusive do ponto de vista financeiro.

A distribuição territorial das mulheres que chefiam seus lares não é homogênea. Em alguns estados mais desenvolvidos como São Paulo, Rio de Janeiro e Distrito Federal, o percentual é maior. O maior índice é verificado no Distrito Federal. O menor índice é encontrado em Rondônia. Alguns estados do Norte do país recebem imigrantes de outras regiões. Em sua maioria são homens, isso faz com que o percentual de homens chefes de família seja bastante superior ao de mulheres.

## A violência contra a mulher

| Mulheres que já sofreram violência doméstica em alguns países | | | | | | | | | |
|---|---|---|---|---|---|---|---|---|---|
| Países | Estados Unidos | México | Chile | Egito | Uganda | Rússia | Israel | Índia | Japão |
| % em relação ao total | 28% | 30% | 26% | 35% | 41% | 25% | 30% | 45% | 59% |

**Fonte:** *Almanaque Abril.*

Os índices de violência contra a mulher são muito preocupantes em diversas partes do mundo, inclusive nos países desenvolvidos. Segundo dados da ONU, a violência é a principal razão de lesões sofridas por mulheres entre 15 e 44 anos. Lamentavelmente, o Brasil é um dos campeões mundiais em atos de violência contra a mulher. Calcula-se que 23% das mulheres brasileiras já tenham sofrido algum tipo de violência no decorrer de suas vidas.

Na década de 1980, em iniciativa pioneira, o Brasil criou as primeiras delegacias especializadas para atender mulheres que sofrem violência. Comprovou-se que a maior parte dos casos é de violência doméstica, uma vez que o agressor é o próprio marido ou namorado. Os dados são alarmantes, pois 85,5% das mulheres que dão queixa nessas delegacias apontam os parceiros como responsáveis. Os atos mais comuns são agressões, espancamentos, estupros e homicídios.

Cartaz denuncia violência contra mulheres.

## ATIVIDADES

**1** Observe o mapa a seguir e responda às questões:

a) São estados onde a participação das mulheres na PEA é alta (entre 43,8 e 46,5%):

Mato Grosso e Maranhão (  )

Amapá e Acre (  )

Goiás e Bahia (  )

Roraima e Sergipe (  )

b) São estados onde a participação das mulheres na PEA é baixa (37,2 a 39,2%):

Paraná e São Paulo (  )

Maranhão e Tocantins (  )

Paraíba e Minas Gerais (  )

Amapá e Mato Grosso (  )

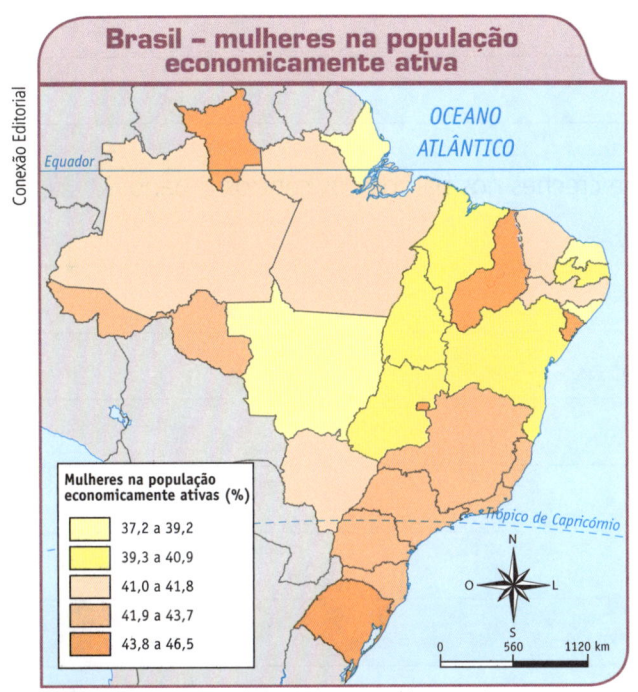

**Fonte**: Com base em IBGE. *Atlas Geográfico Escolar*. Rio de Janeiro: IBGE, 2009.

**2** Descreva o gráfico a seguir e proponha medidas para reduzir a desigualdade.

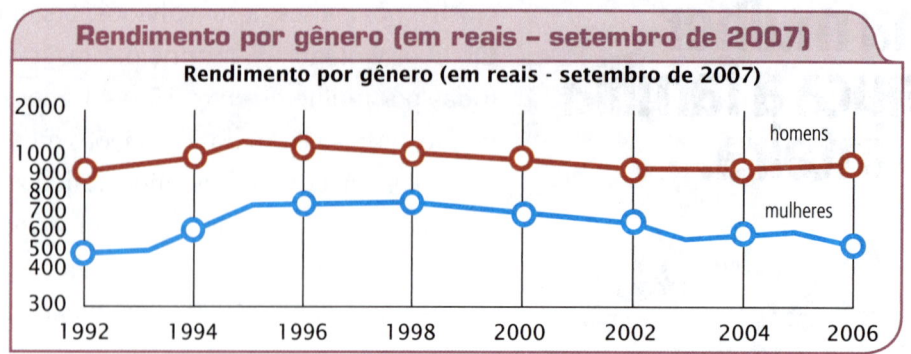

**Rendimento por gênero (em reais – setembro de 2007)**

[Gráfico de linhas mostrando o rendimento em reais de 1992 a 2006. A linha dos homens mantém-se em torno de R$ 900–1000, e a linha das mulheres varia entre R$ 500 e R$ 750.]

**Fonte**: Com base em FERREIRA, Graça Maria Lemos. *Atlas Geográfico Espaço Mundial*. São Paulo: Moderna, 2010.

_____
_____
_____
_____
_____
_____
_____
_____
_____
_____

**3** Qual a importância da ampliação do número de creches nos bairros dos centros urbanos?

_____
_____
_____
_____
_____
_____
_____
_____

**4** Elabore um pequeno texto sobre a violência contra a mulher, utilizando, inclusive, os dados da tabela a seguir.

| Ocorrências em delegacias da mulher | |
|---|---|
| Tipos de crime | Por 100 mil habitantes |
| Aborto | 0,06 |
| Ameaça | 33,05 |
| Atentado violento ao pudor | 1,57 |
| Calúnia | 2,08 |
| Difamação | 3,08 |
| Homicídio | 0,05 |
| Injúria | 3,98 |
| Lesão corporal | 34,8 |
| Estupro | 1,44 |
| Vias de fato/Agressão | 9,85 |

**Fontes**: Ministério da Justiça, Conselho Nacional dos Direitos da Mulher e Fundação Seade.

**5** O que é desigualdade de gênero?

**6** Existe desigualdade de gênero no Brasil quanto ao percentual de mulheres nos cargos de chefia nas empresas? Justifique.

**7** Mencione alguns exemplos do avanço social das mulheres no Brasil.

**8** Elabore um texto sobre a qualidade de vida das mulheres no mundo, baseando-se na interpretação dos dados da tabela a seguir.

| Índice de Desenvolvimento de Gênero | | | | | | |
|---|---|---|---|---|---|---|
| Posição | País | % da renda | % do mercado de trabalho | Expectativa de vida | Anos de vida a mais que os homens | % de alfabetização de mulheres |
| 1º | Canadá | 38 | 44 | 81,7 | 5,4 | 99 |
| 3º | Noruega | 42 | 45 | 80,4 | 5,8 | 99 |
| 30º | Chile | 22 | 32 | 77,9 | 5,8 | 99 |
| 60º | Brasil | 29 | 35 | 70,5 | 8,0 | 82,5 |
| 146º | Serra Leoa | 30 | 35 | 35,2 | 3,1 | 16,7 |

**Fonte**: ONU.

## Pessoas com necessidades especiais

São consideradas pessoas especiais, os portadores de algum tipo de deficiência física ou mental. Trata-se de um dos grupos que sofre com o preconceito social. No Brasil, 14,5% da população é portadora de algum tipo de deficiência, sendo cerca de 24,5 milhões de pessoas. Quase a metade é integrada por deficientes visuais, como podemos visualizar na tabela a seguir.

| Brasil – deficientes físicos e mentais por tipos (%) | | |
|---|---|---|
| Tipo de deficiência | Em % | Em milhões |
| Visual | 48,1 | 16,5 |
| Motora | 22,9 | 7,8 |
| Auditiva | 16,7 | 5,7 |
| Mental | 8,3 | 2,8 |
| Física | 4,1 | 1,4 |
| Total | 100 | 34,2* |

\* A soma (34,2 milhões) ultrapassa os 24,5 milhões de deficientes porque muitos têm mais de um problema e foram contados mais de uma vez.

**Fonte**: IBGE.

As pessoas com necessidades especiais apresentam dificuldades como:
- problemas de acesso à educação especializada, pois a demanda por serviços é grande e são poucas as instituições capacitadas. No Brasil, destaca-se o trabalho da APAE (Associação de Pais e Amigos dos Excepcionais);
- dificuldade de ingresso no mercado de trabalho, visto que são poucas as empresas públicas e privadas que disponibilizam cotas para os portadores de deficiência.

Os portadores de deficiência física ou mental são segregados também do ponto de vista geográfico, uma vez que apresentam dificuldades de acesso e circulação no espaço urbano. Nas cidades, a geografia urbana e a arquitetura das edificações estão pouco adaptadas aos deficientes. Por vezes, falta a construção de rampas para facilitar a locomoção com cadeira de rodas. O transporte coletivo, especialmente os ônibus, ainda estão pouco adaptados, a exemplo da ausência de portas especiais.

No caso dos deficientes mentais, é fundamental que tenham acesso a tratamento adequado, pois algumas instituições ainda utilizam métodos ultrapassados, em que isolam as pessoas do convívio social. Na verdade, grande parte dos deficientes mentais podem ser integrados socialmente em atividades culturais e no mercado de trabalho.

Pessoas com deficiência participando da Maratona Internacional de Riga. 23 de maio de 2010, Riga, Letônia.

## ATIVIDADES

**1** Quais os problemas enfrentados pelas pessoas com necessidades especiais? Relacione sugestões para melhorar a qualidade de vida dos deficientes no Brasil.

_____
_____
_____
_____
_____
_____
_____
_____
_____
_____
_____
_____
_____

**2** Mencione duas medidas para melhorar a qualidade do vida das pessoas com necessidades especiais no Brasil.

_____
_____
_____
_____
_____
_____
_____

# Capítulo 5

# GLOBALIZAÇÃO: ACELERANDO O MUNDO

O mundo atual está conectado pela internet e outros meios de comunicação; as trocas comerciais se intensificaram ainda mais nas últimas décadas; os meios de transporte estão cada vez mais eficientes e velozes, diminuindo o tempo de percurso entre distâncias e aumentando sua capacidade de transportar pessoas e cargas. O mundo inteiro está interconectado em termos físicos pelas redes materiais e virtuais, as redes imateriais.

A globalização estimulou a integração dos países e das pessoas. Acelerou a competição, mas também a cooperação.

## O expansionismo europeu

A partir do século XVI, com a expansão marítima e comercial europeia, a maioria dos mapas passa a ser orientada para o norte, privilegiando a posição da Europa. O poderio econômico e cultural europeu fortaleceu essa visão de mundo nos séculos posteriores, com a colonização das Américas, da Oceania, da África e da Ásia. Destaca-se, nesse período, a cartografia holandesa, principalmente a partir dos trabalhos de Mercator (1512-1594).

Planisfério.

Aos poucos, o sistema econômico foi sendo estruturado com base na interdependência entre os lugares. Com a especialização da produção, cada lugar participava do comércio com um tipo de mercadoria. Essa especialização é denominada divisão internacional do trabalho e originou-se no período colonial. Nessa época, as colônias de exploração, como o Brasil, exportavam matérias-primas para a metrópole e compravam dela os produtos mais elaborados, as manufaturas.

Entre os séculos XVIII e XIX, as potências europeias, principalmente o Reino Unido, a França e a Alemanha, estimulam o mapeamento sistemático de seus territórios. Com o passar do tempo, impunha-se o capitalismo industrial, que necessitava de novos mercados consumidores e matérias-primas. Para obtê-los, as potências europeias iniciaram a colonização direta e o imperialismo na África e em parte da Ásia. Nessa época, a cartografia foi colocada a serviço do expansionismo militar, traçando a régua e compasso as fronteiras entre as colônias africanas e asiáticas.

Desse modo, o capitalismo aprofunda a interdependência entre os lugares em um sistema cada vez mais globalizado. As colônias e países mais pobres continuavam a exportar matérias-primas baratas, enquanto os países mais ricos vendiam seus produtos industrializados.

## O mundo do século XX e a alta tecnologia

No século XX, além da Europa, firmaram-se novos centros de poder econômico e militar, ambos situados no Hemisfério Norte: os Estados Unidos e o Japão. Com isso, fortaleceu-se a utilização do norte como ponto cardeal de referência na maioria dos mapas e atlas.

Estruturou-se também o capitalismo financeiro monopolista, um sistema dominado por grandes empresas e bancos. Durante todo o século, e principalmente após a Segunda Guerra Mundial (1939-1945), esse sistema acelerou o desenvolvimento científico e tecnológico.

Sucessivamente, a interpretação de fotografias aéreas, os equipamentos eletrônicos, os computadores e as imagens de satélite passam a ser instrumentos poderosos na arte de produzir mapas. Com métodos mais precisos e sofisticados, mapeou-se toda a superfície terrestre, das mais altas montanhas às profundezas dos oceanos, dos polos ao Equador. A serviço das grandes empresas e dos governos dos países avaliou-se a distribuição da maioria dos recursos naturais do planeta.

Nas últimas décadas, muitas das representações do mundo são elaboradas com base em imagens tiradas por sofisticados satélites artificiais. É o caso do mapa abaixo, construído da junção de imagens de satélite e divulgado pela instituição norte-americana Nasa (National Aeronautics and Space Administration).

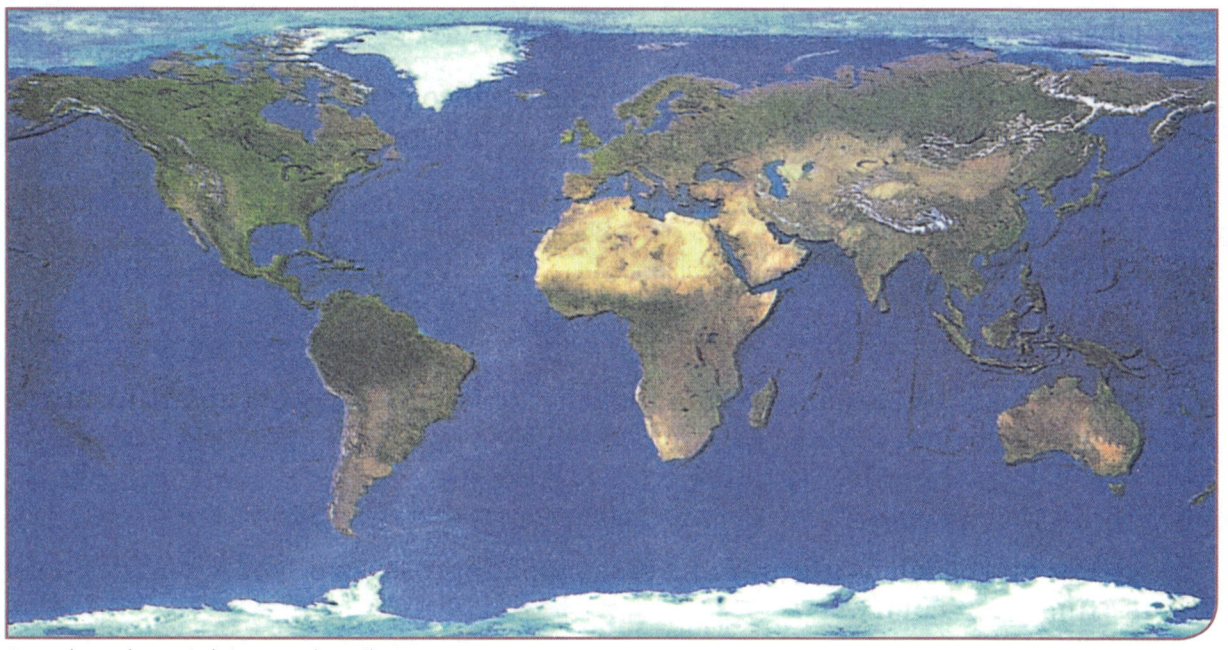

O mundo atual a partir de imagens de satélite.

## A tecnologia e o "encolhimento do mundo"

Nos últimos séculos, o sistema econômico capitalista foi o que mais modelou o espaço geográfico. Esse sistema favoreceu uma gradual interdependência entre as pessoas, suas culturas e seus lugares. Dessa maneira, intensificaram-se as relações comerciais no interior dos países e entre os países.

Com o objetivo de intensificar as relações socioeconômicas entre pessoas e lugares, sempre foi necessário romper as barreiras geográficas: montanhas, oceanos, climas inóspitos, florestas densas, distâncias, enfim, tudo que dificultasse a expansão econômica no interior dos países ou entre os países. Para isso, a ciência e a tecnologia foram colocadas a serviço da economia, inventando meios de transporte e de comunicação cada vez mais eficientes.

Esses meios foram rompendo as barreiras geográficas e aceleraram a circulação de mercadorias, pessoas e ideias. Sua velocidade foi reduzindo o tempo gasto para superar distâncias. Essa aceleração foi benéfica ao capitalismo, pois implicou produzir, transportar e consumir cada vez mais rápido, expandindo a economia e os lucros dos empresários.

A partir do final do século XIX e durante todo o século XX, tem-se uma série de inovações tecnológicas: trem, telégrafo, automóvel, telefone, rádio, avião, televisão, fax, computador, internet, entre outras.

No século XIX, demorava-se meses para levar uma carta de um continente a outro. Hoje, as pessoas e empresas podem comunicar-se em "tempo real", isto é, há a troca simultânea de ideias e informações.

Na última década, tivemos a impressão de que o mundo "encolheu". Não se trata de um encolhimento em tamanho. Na verdade, adquirimos velocidade e agilidade. Isso tem sido possível graças à contínua modernização dos meios de transporte, das telecomunicações e da informática.

No ano de 1900, uma viagem de navio da Europa para a América do Norte demorava sete dias. Hoje, um avião moderno faz o mesmo trajeto em algumas horas. O desenvolvimento dos meios de transporte permitiu a transposição de distâncias cada vez em menos tempo.

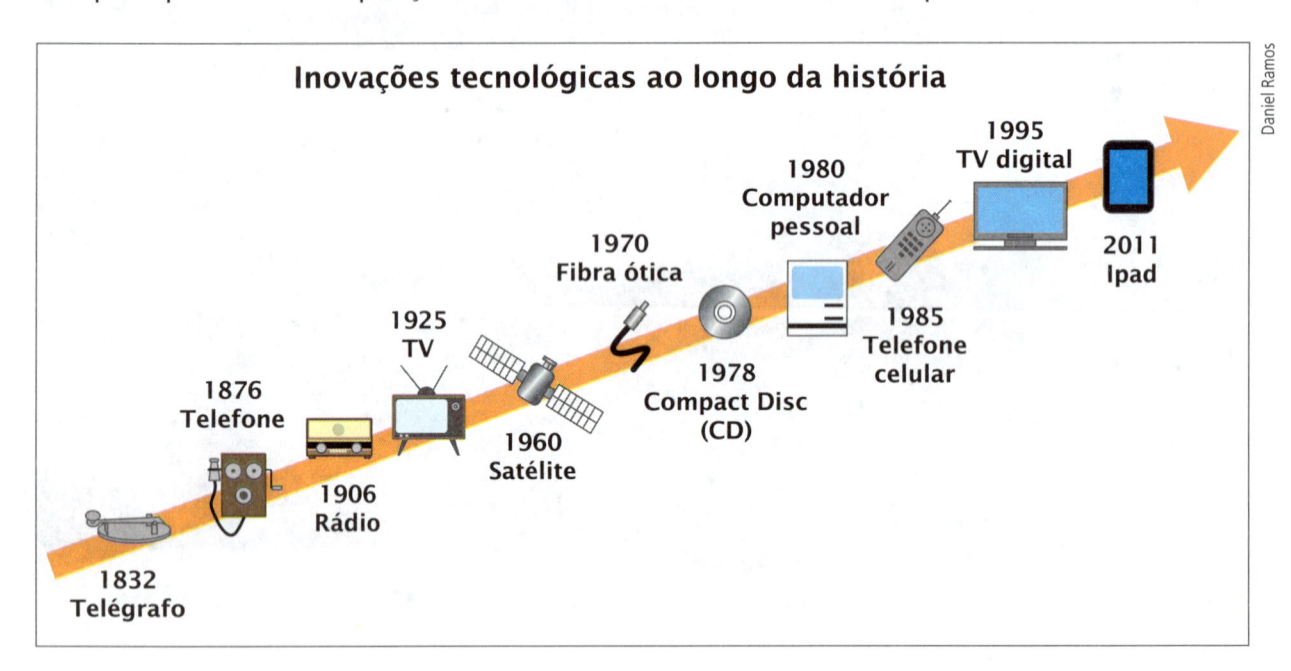

**Inovações tecnológicas ao longo da história**

- 1832 Telégrafo
- 1876 Telefone
- 1906 Rádio
- 1925 TV
- 1960 Satélite
- 1970 Fibra ótica
- 1978 Compact Disc (CD)
- 1980 Computador pessoal
- 1985 Telefone celular
- 1995 TV digital
- 2011 Ipad

Daniel Ramos

## O que é globalização?

Na atualidade, a globalização consiste numa fase mais avançada de expansão do capitalismo no espaço mundial. É caracterizada pela aceleração dos fluxos de mercadorias, pessoas e informações. Essa rapidez é possível graças à contínua modernização dos transportes, da informática e das telecomunicações. Os principais agentes da globalização são as empresas multinacionais, os governos dos países mais poderosos e instituições como os blocos econômicos.

> **Você sabia?**

## Cidadão 100% norte-americano?

O cidadão norte-americano desperta num leito construído segundo padrão originário do Oriente Próximo, mas modificado na Europa setentrional, antes de ser transmitido à América. Sai debaixo de cobertas feitas de algodão, cuja planta se tornou doméstica na Índia; ou de linho ou de lã de carneiro, um e outro domesticados no Oriente Próximo; ou de seda, cujo emprego foi descoberto na China.

Todos estes materiais foram fiados e tecidos por processos inventados no Oriente Próximo. Ao levantar da cama faz uso de mocassins que foram inventados pelos índios das florestas do leste dos Estados Unidos e entra no banheiro, cujos aparelhos são uma mistura de invenções europeias e norte-americanas, umas e outras recentes. Tira o pijama, que é vestuário inventado na Índia, e lava-se com sabão, que foi inventado pelos antigos gauleses; faz a barba, que é um rito masoquístico que parece provir dos sumerianos ou do Antigo Egito. Voltando ao quarto, o cidadão toma as roupas que estão sobre uma cadeira de tipo europeu meridional e veste-se. As peças de seu vestuário têm a forma das vestes de pele originais dos nômades das estepes asiáticas; seus sapatos são feitos de peles curtidas por um processo inventado no Antigo Egito e cortadas segundo um padrão proveniente das civilizações clássicas do Mediterrâneo; a tira de pano de cores vivas que amarra no pescoço é sobrevivência dos xales usados aos ombros pelos croatas do século XVII. Antes de tomar seu *breakfast*, ele olha a rua através da vidraça feita de vidro inventado no Egito; e se estiver chovendo, calça galochas de borracha descoberta pelos índios da América Central e toma um guarda-chuva inventado no sudoeste da Ásia. Seu chapéu é feito de feltro, material inventado nas estepes asiáticas.

De caminho para o *breakfast* para para comprar um jornal, pagando-o com moedas, invenção da Líbia antiga. No restaurante, toda uma série de elementos tomados de empréstimo o espera. O prato é feito de uma espécie de cerâmica inventada na China. A faca é de aço, liga feita pela primeira vez na Índia do Sul; o garfo é inventado na Itália medieval, a colher vem de um original romano. Começa seu *breakfast* com uma laranja vinda do Mediterrâneo oriental, melão da Pérsia, ou talvez uma fatia de melancia africana. Toma café, planta abissínia, com nata e açúcar. A domesticação do gado bovino e a ideia de aproveitar seu leite são originários do Oriente Próximo, ao passo que o açúcar foi feito pela primeira vez na Índia. Depois das frutas e do café, vêm *waffles*, os quais são bolinhos fabricados segundo uma técnica escandinava, empregando como matéria-prima o trigo, que se tornou planta doméstica na Ásia Menor. Rega-os com xarope de *maple*, inventado pelos índios das florestas do leste dos Estados Unidos. Como prato adicional talvez coma o ovo de uma espécie de ave domesticada na Indochina ou delgadas fatias de carne de um animal domesticado na Ásia oriental, salgada e defumada por um processo desenvolvido no norte da Europa.

Acabando de comer, nosso amigo se recosta para fumar, hábito implantado pelos índios americanos e que consome uma planta original do Brasil; fuma cachimbo, que procede dos índios da Virgínia, ou cigarros provenientes do México. Se for fumante valente, pode ser que fume mesmo um charuto, transmitido à América do Norte pelas Antilhas, por intermédio da Espanha. Enquanto fuma, lê notícias do dia, impressas em caracteres inventados pelos antigos semitas, em material inventado na China e por um processo inventado na Alemanha. Ao inteirar-se das narrativas dos problemas estrangeiros, se for um bom cidadão conservador, agradecerá a uma divindade hebraica, numa língua indo-europeia, o fato de ser 100% americano.

LINTON, Ralph. *O homem: uma introdução à Antropologia*. In: Pérsio Santos de Oliveira, *Introdução à Sociologia*, São Paulo: Ática.
Noeli Menezes, *Folha de S.Paulo*, 16/06/2010, fornecido pela Folhapress.

## ATIVIDADES

**1** Complete o texto com o banco de palavras a seguir:

| | | | | |
|---|---|---|---|---|
| globalização | cultural | sociais | financeiras | século XXI |
| mercados | capitalismo | interagem | emergentes | informática |
| concorrência | negócio | integração | barateamento | mercados |

A _____ é um dos processos de aprofundamento da _____ econômica, social, _____ e política, que teria sido impulsionada pelo _____ dos meios de transporte, telecomunicações e _____ dos países do mundo no final do século XX e início do _____. É um fenômeno gerado pela necessidade da dinâmica do _____ de formar uma aldeia global que permita maiores _____ para os países ricos cujos mercados internos já estão saturados.

A globalização diz respeito à forma como os países _____ e aproximam pessoas, ou seja, interliga o mundo, levando em consideração aspectos econômicos, _____, políticos e até culturais. Com isso, ocorre uma expansão capitalista, em que é possível realizar transações _____ entre países distantes. Também é possível expandir um _____ para _____ distantes e _____. Uma das consequências da globalização é o aumento acirrado da _____ entre países e entre as empresas.

**2** Quais são as características principais da globalização?

_____
_____
_____
_____
_____
_____

**3** Escreva sobre a importância do transporte aéreo para a globalização da economia a partir da análise do mapa a seguir.

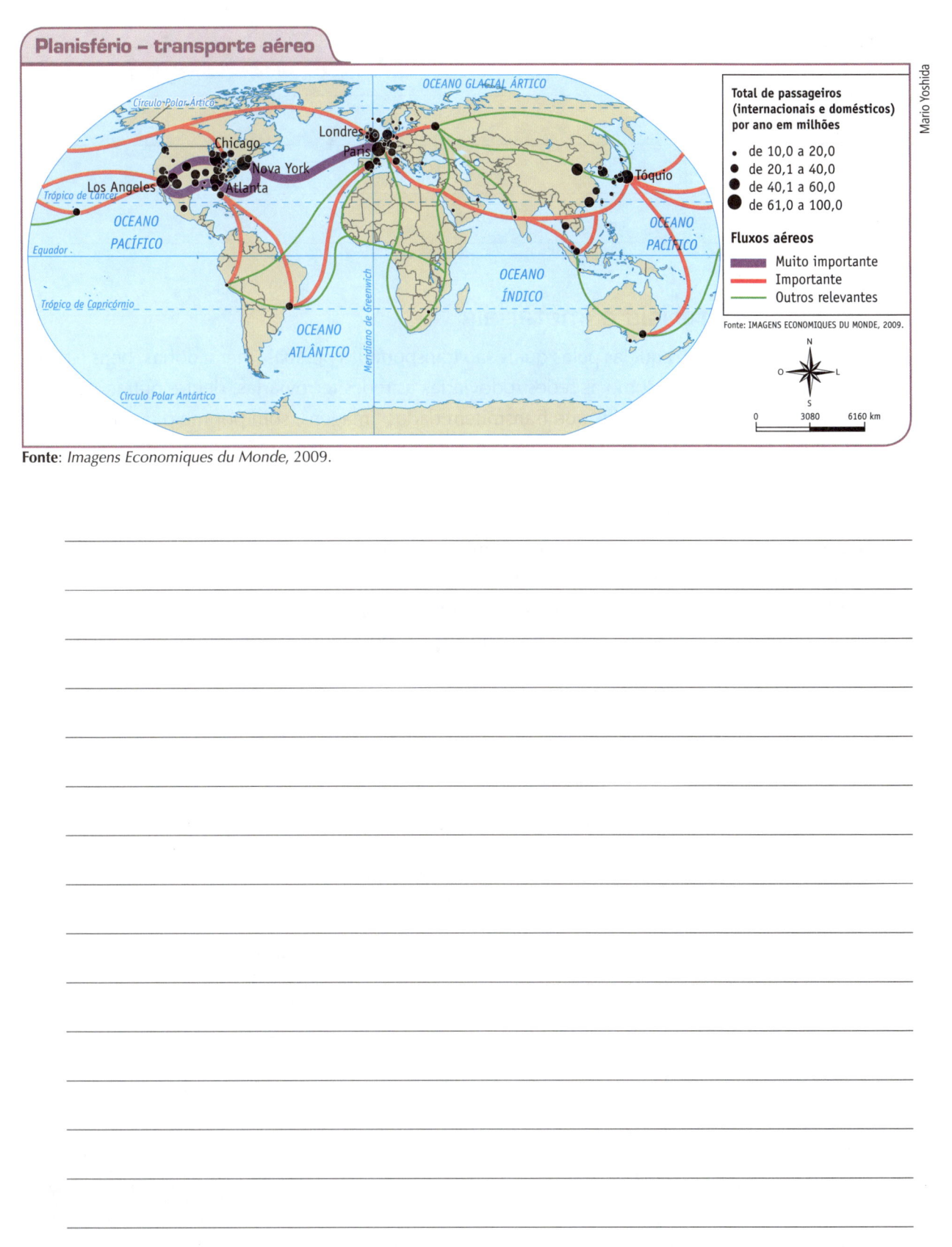

**Planisfério – transporte aéreo**

Total de passageiros (internacionais e domésticos) por ano em milhões
- de 10,0 a 20,0
- de 20,1 a 40,0
- de 40,1 a 60,0
- de 61,0 a 100,0

**Fluxos aéreos**
- Muito importante
- Importante
- Outros relevantes

Fonte: IMAGENS ECONOMIQUES DU MONDE, 2009.

**Fonte**: *Imagens Economiques du Monde*, 2009.

**4** A partir da leitura do texto "Cidadão 100% norte-americano?", é possível afirmar que o mundo está contido em nós mesmos e em nosso dia a dia? Justifique sua resposta.

_____
_____
_____
_____
_____

## As redes materiais e imateriais

As redes materiais são aquelas pelas quais são transportadas pessoas, mercadorias, bens e matérias-primas por redes físicas como as redes rodoviárias as redes ferroviárias, dentre outras.

As redes imateriais são aquelas que transmitem dados, imagens, som por meio de antenas que captam ondas de rádio, televisão, telefonia celular, satélites ou fibras ópticas.

### A intensificação das trocas

Nas últimas décadas, as trocas comerciais internacionais cresceram de forma muito acelerada. Também se registrou um aumento significativo na produção de bens e mercadorias que abastecem o mercado internacional, principalmente manufaturados e produtos com alta tecnologia. Entre 1983 e 2006, o comércio mundial cresceu por volta de 5% ao ano, embora o PIB mundial tenha crescido de forma mais lenta, cerca de 3% ao ano.

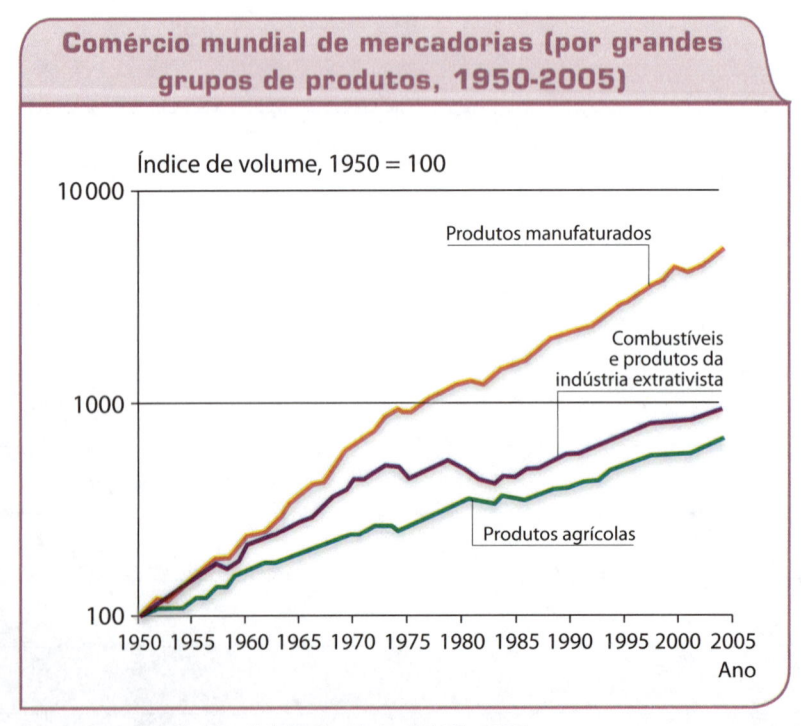

**Comércio mundial de mercadorias (por grandes grupos de produtos, 1950-2005)**

Índice de volume, 1950 = 100

- Produtos manufaturados
- Combustíveis e produtos da indústria extrativista
- Produtos agrícolas

**Fonte**: Organização Mundial do Comércio (OMC), 2007.

### O aumento da circulação de capitais

Com o alargamento do mercado internacional e a intensificação das trocas, os capitais (dinheiro) passaram a circular também de forma mais rápida, aplicados nas bolsas de valores, em investimentos ou em aplicações financeiras. Os grandes investidores colocam seu dinheiro ou de terceiros onde haja maior rentabilidade, onde o dinheiro aplicado rende mais, também cresceram significativamente os Investimentos Estrangeiros Diretos (IDE). Em termos financeiros, o dinheiro passou a circular de forma mais rápida, podendo ser transferido com grande facilidade para bolsas de valores que ofereçam maior remuneração.

### A dispersão espacial da indústria

A dispersão espacial da indústria é uma característica da globalização. As empresas transnacionais buscam produzir onde os custos sejam menores. As indústrias são atraídas para implantar unidades fabris em locais onde haja disponibilidade de mão de obra barata, incentivos fiscais (como isenção de taxas e impostos), doação de terrenos, infraestrutura para a produção e exportação, acesso direto às matérias-primas, entre outros.

## ATIVIDADES

**1)** O que são redes materiais?

_____
_____
_____
_____

**2)** O que são redes imateriais?

_____
_____
_____
_____

**3)** Defina o que são trocas comerciais. Por que elas se intensificaram?

_____
_____
_____
_____

**4** O que é IDE?

_____

_____

**5** O que é divisão espacial da indústria?

_____

_____

_____

_____

## Capitalismo globalizado

Hoje, as grandes firmas capitalistas dominam a economia mundial. Principalmente a partir do século XIX, essas firmas passaram a depender de dinheiro emprestado pelos bancos (sistema financeiro). Desse modo, as indústrias e os bancos foram se associando. Bancos acabaram comprando indústrias e vice-versa, formando corporações.

As grandes empresas e bancos dominam a produção de grande parte das mercadorias e a prestação de serviços. Por exemplo, no Brasil, a empresa estatal Petrobras controla quase toda a exploração e o refino de petróleo no país. Outro exemplo é a transnacional norte-americana Microsoft, que domina as vendas de programas de computador (softwares) em grande parte do planeta.

Muitas vezes, um pequeno número de empresas domina a produção de um tipo de mercadoria. São os oligopólios. Por exemplo, no Brasil, a produção de automóveis é dominada por algumas poucas transnacionais como a Volkswagen, a Ford, a GM, a Fiat, a Toyota, a Renault-Citröen e a Hyundai.

Existem casos em que as grandes empresas formam um cartel, ou seja, combinam os preços de produtos similares. Quando isso acontece, existe pouca concorrência. E, no final das contas, os consumidores são prejudicados.

Desde o século XX, as firmas capitalistas foram se abrindo por meio da venda de ações nas bolsas de valores. As ações são documentos que representam uma parte da empresa. Geralmente, a empresa é controlada por quem é dono da maioria das ações. As bolsas de valores mais importantes localizam-se nos países mais desenvolvidos. A foto apresenta a movimentação de compra e venda de ações das firmas na Bolsa de Valores de Nova York, Estados Unidos. A bolsa de Nova York é a mais importante do mundo.

## Estrutura das transnacionais

A globalização é liderada pelas grandes empresas capitalistas, principalmente as transnacionais. O termo "multinacional" não significa empresa pertencente a muitas nações. Por isso, é preferível o termo "transnacional", ou seja, empresa que atua além das fronteiras de seu país de origem.

As transnacionais são empresas que movimentam enormes somas em dinheiro. Algumas delas apresentam um faturamento superior ao PIB (Produto Interno Bruto) de países inteiros. Essas empresas atuam em diversos ramos da economia: indústria, agropecuária, comércio, serviços, finanças e entretenimento (cinema, vídeo, música e televisão).

No país de origem, a transnacional tem uma matriz. A maioria das matrizes localiza-se nos países ricos. As matrizes concentram parte das fábricas, os principais escritórios e os centros de pesquisa científica e tecnológica.

As transnacionais apresentam uma rede de filiais distribuídas pelo mundo, tanto em países ricos como em países pobres. Nesses, as empresas instalam a maioria das fábricas.

A expansão das transnacionais contribuiu para a industrialização dos países pobres industrializados, hoje chamados nações emergentes. São exemplos: Brasil, México, Argentina, África do Sul, Turquia, Índia, China e Coreia do Sul.

Os países que apresentam o maior número de transnacionais são: Estados Unidos, Japão, Alemanha, França, Reino Unido, Suíça, Itália, Países Baixos (Holanda) e Coreia do Sul.

Na década de 2000, várias empresas do grupo BRIC (Brasil, Rússia, Índia e China), as potências emergentes, ganharam destaque internacional. São exemplos brasileiros: a Petrobras (petróleo), a Vale (mineração), a Embraer (aviões), a Brasil Foods (alimentos), o Grupo Gerdau (aço) e a Ab-Inbev (bebidas).

As transnacionais costumam instalar as suas filiais em países que permitem maiores lucros. Esses lucros são obtidos devido a diversas vantagens como:

- Pagamento de salários mais baixos para os trabalhadores;
- Incentivos fiscais (isenção ou redução de impostos);
- Matérias-primas e energia a baixo custo;
- Infraestrutura adequada (a exemplo de portos e rodovias);
- Doação de terrenos pelos governos.

### Você sabia?

#### Os baixos salários

Nos países pobres, a maioria dos trabalhadores ganha salários baixos se comparados aos salários pagos nos países ricos. Desse modo, a mão de obra é muito barata. Por exemplo, um operário de um país pobre chega a ganhar vinte vezes menos que um operário de um país rico.

Nos últimos anos, as empresas exigem mais qualificação dos funcionários, isto é, maior grau de escolaridade, conhecimentos de informática ou até mesmo o domínio de uma língua estrangeira. Para isso, os governos de países pobres promovem cursos técnicos de qualificação profissional e estimulam o aumento da escolaridade média da população. Entretanto, a melhor qualificação técnica não significa um aumento substancial nos níveis salariais.

Em parte dos países pobres, os trabalhadores são pouco mobilizados. Em alguns casos, como o da China, as greves e manifestações são proibidas, beneficiando as grandes empresas. Também existem casos de exploração do trabalho infantil em alguns países, incluindo empresas locais autorizadas a fabricar produtos para as transnacionais.

Trabalhador em transnacional.

## ATIVIDADES

**1** Em sua opinião, quais são as principais características do capitalismo na atualidade?

**2** Explique a distribuição das matrizes e das filiais das transnacionais pelo mundo.

**3** Explique três vantagens que as transnacionais encontram quando instalam fábricas em países pobres.

### Atuação das multinacionais

As multinacionais apresentam diversas formas de atuação. Algumas empresas estabelecem as filiais de suas fábricas em outros países. Outras associam-se a empresários locais, fornecendo sua tecnologia e sua marca, por meio de acordos e franquias.

Em alguns casos, as multinacionais não são proprietárias das fábricas espalhadas pelo mundo. Na verdade, controlam a pesquisa tecnológica e a publicidade dos produtos que levam sua marca. A Nike, por exemplo, projeta os modelos de seus tênis nos Estados Unidos. Porém, a fabricação dos tênis é feita por outras empresas que, por sua vez, vendem toda a produção para a Nike. As empresas contratadas localizam-se em países em que os salários são muito baixos, como Vietnã, China, Argentina e Brasil.

Nas últimas décadas, tem acontecido um grande número de fusões entre empresas. Como exemplo, podemos citar a fusão entre a Chrysler (norte-americana) e a Daimler-Benz (alemã), empresas produtoras de automóveis. As fusões fazem surgir empresas cada vez mais poderosas. No Brasil, aconteceu a fusão entre a Antarctica e a Brahma no setor de cervejas e refrigerantes, levando à formação da Ambev. Há pouco tempo, a Ambev se juntou a uma cervejaria belga. A fusão teve como objetivo a instalação de novas fábricas e a melhoria da distribuição das bebidas em países de diferentes continentes, a exemplo da Argentina e da Rússia.

#### Você sabia?

##### McDonald's: a franquia do sanduíche

Você já foi a um fast food? As multinacionais também se expandem por meio de franquias. Isso acontece quando um empresário local compra os direitos de utilização de uma marca internacional. A produção é padronizada em todo o mundo, uniformizando a qualidade e os hábitos de consumo.

Um dos exemplos mais impressionantes é a rede de lanchonetes norte-americana McDonald's. Isto é, o Big Mc norte-americano é praticamente igual ao brasileiro, chinês ou africano. Nas últimas décadas, aconteceu uma rápida difusão do sistema fast food, isto é, de refeição rápida, composta basicamente por hambúrguer, batata frita e refrigerante. Os críticos dizem que esse tipo de alimentação não oferece uma nutrição adequada quando realizado com muita frequência, podendo causar problemas de saúde como a obesidade. O mapa a seguir mostra os países onde atua o McDonald's.

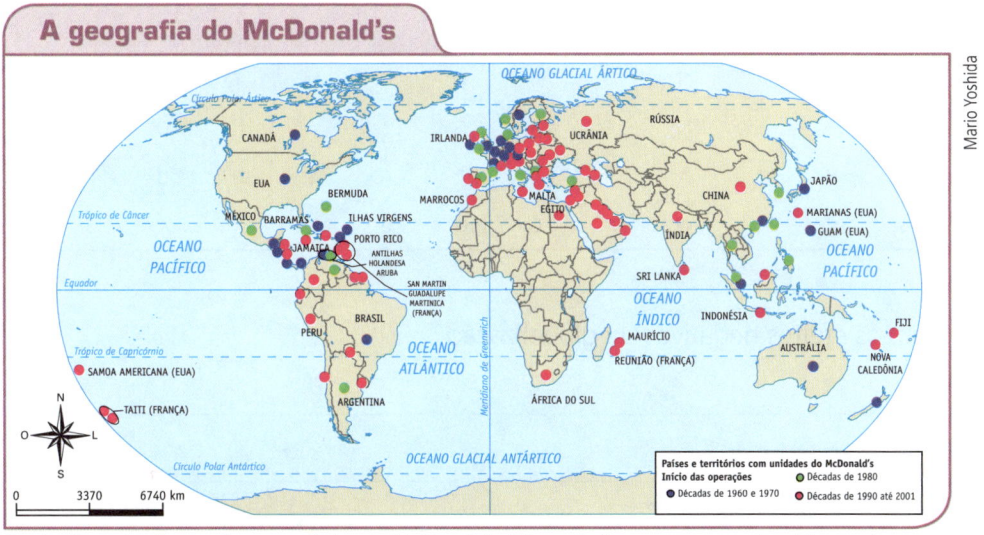

**Fonte**: Organizado com base em dados do McDonald's. Disponível em: <www.mcdonalds.com.br>. Acesso em: jul. 2012. E CIA - The World Factbook.

# ATIVIDADES

**1** A partir da interpretação do mapa "A Geografia do McDonald's", mencione dois países de cada continente com atuação do McDonald's.

_____

_____

_____

_____

**2** No diagrama a seguir, identifique vantagens das empresas transnacionais nos países pobres.

| A | B | C | D | Z | W | S | A | R | I | A | B | C | D | E | S |
|---|---|---|---|---|---|---|---|---|---|---|---|---|---|---|---|
| B | A | I | X | O | S | S | A | L | Á | R | I | O | S | X | A |
| J | O | N | P | E | C | A | Y | X | U | O | P | V | E | N | L |
| M | N | C | Q | F | D | B | W | Z | V | M | U | C | O | L | A |
| J | T | E | R | R | E | N | O | S | B | A | R | A | T | O | S |
| A | B | N | U | A | X | J | I | P | R | T | C | D | A | E | R |
| U | V | T | V | B | Z | L | H | Q | S | É | I | J | L | N | I |
| A | E | I | A | E | C | M | G | O | T | R | M | N | T | E | O |
| I | U | V | C | D | D | E | F | W | Y | I | P | Z | O | R | S |
| A | B | O | C | E | U | N | O | O | N | A | O | X | S | G | B |
| V | U | S | Z | N | Z | Y | W | A | S | S | S | N | I | I | A |
| Z | X | F | O | O | Z | J | K | B | D | P | T | O | N | A | I |
| W | Y | I | N | C | E | N | T | M | E | R | O | P | C | C | X |
| G | I | S | B | A | U | K | L | N | J | I | S | Z | A | A | O |
| H | J | C | H | I | N | O | A | O | B | M | Z | N | R | R | S |
| Ç | L | A | F | E | N | E | R | G | I | A | N | O | G | A | I |
| O | K | I | H | J | A | P | K | P | A | S | U | U | O | I | Z |
| G | Ç | S | F | O | W | N | O | Q | U | Z | X | A | S | A | D |

**3** Quais seriam os efeitos negativos da globalização?

_____

_____

_____

_____

# Capítulo 6
## BLOCOS ECONÔMICOS E COMÉRCIO INTERNACIONAL

Em virtude da globalização, países se unem em blocos econômicos para poderem enfrentar a concorrência internacional. Nesse cenário, a Organização Mundial do Comércio (OMC) torna-se cada vez mais importante.

Porto repleto de conteineres.

## Comércio internacional, blocos e OMC

Nas últimas décadas, aconteceu um expressivo crescimento no comércio internacional. No mundo atual, a organização responsável pelo estímulo ao comércio entre os países é a OMC (Organização Mundial do Comércio). Sua finalidade é facilitar o comércio multilateral, ou seja, entre todos os países do mundo. A OMC também é mediadora nos casos de conflitos comerciais entre países.

Especialmente a partir da década de 1990, consolidou-se a formação dos blocos econômicos integrados por vários países. O objetivo fundamental dos blocos é a intensificação do comércio entre os países sócios, estimulando a globalização econômica. Para alguns estudiosos, a integração econômica poderia ficar limitada ao interior dos blocos. Ou seja, seriam criadas barreiras para a entrada de mercadorias de países não pertencentes ao bloco, dificultando o comércio multilateral.

| Formas de integração nos blocos econômicos | |
|---|---|
| Zona de livre comércio | Trata-se de um acordo entre os países integrantes de um bloco que reduz e unifica as taxas alfandegárias entre os países sócios, permitindo a ampliação do comércio. Com parceiros comerciais de fora do bloco, cada país estabelece tarifas e regras próprias. Exemplos: Nafta e Apec. |
| União aduaneira | Ocorre quando os países do bloco resolvem adotar as mesmas taxas alfandegárias com nações que não integram o bloco. Exemplo: Mercosul. |
| Mercado comum | Trata-se de um acordo mais amplo que permite a livre circulação de mercadorias, trabalhadores, bens e capital financeiro. Exemplo: União Europeia. |
| União monetária | Os países do bloco ajustam suas economias para a adoção de uma moeda única que substitui as moedas de cada país. Exemplo: União Europeia. |

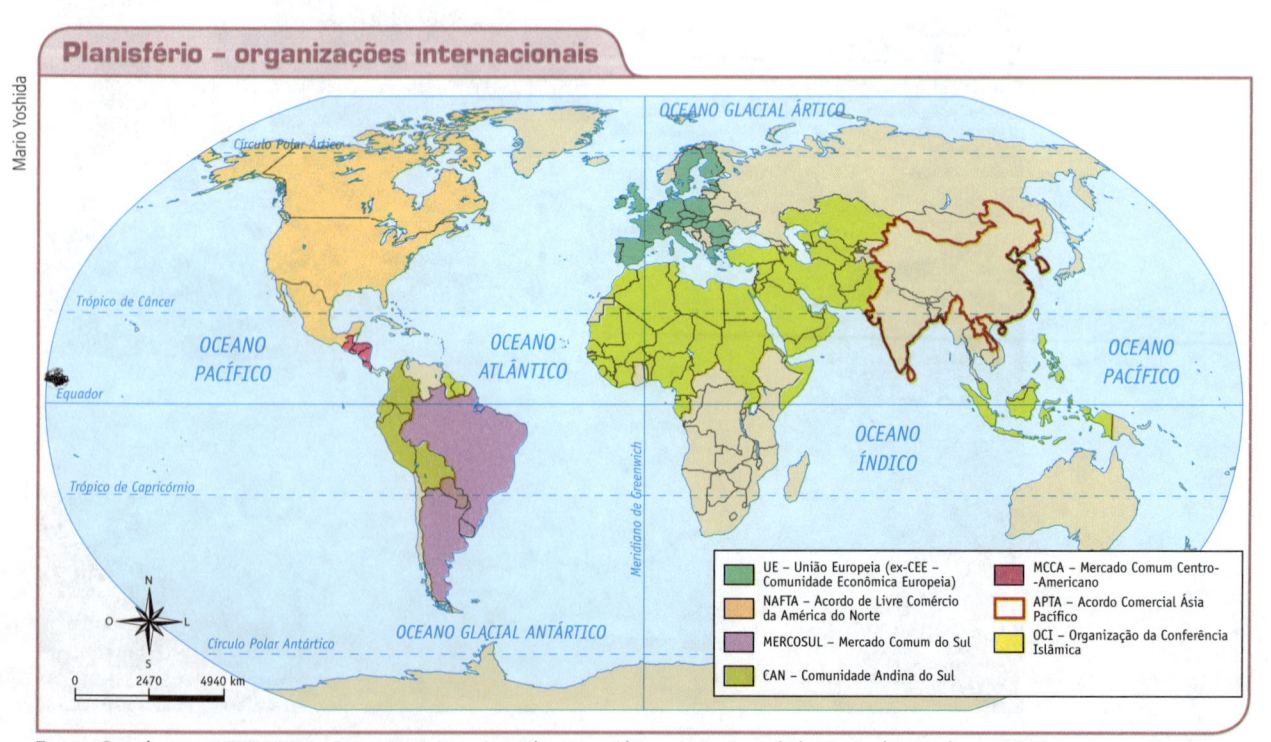

### Planisfério – organizações internacionais

- UE – União Europeia (ex-CEE – Comunidade Econômica Europeia)
- NAFTA – Acordo de Livre Comércio da América do Norte
- MERCOSUL – Mercado Comum do Sul
- CAN – Comunidade Andina do Sul
- MCCA – Mercado Comum Centro-Americano
- APTA – Acordo Comercial Ásia Pacífico
- OCI – Organização da Conferência Islâmica

**Fonte**: Com base em FERREIRA, Graça Maria Lemos. *Atlas geográfico espaço mundial*. São Paulo: Moderna, 2010.

## Vantagens e desvantagens dos blocos

Quais seriam as barreiras nas relações comerciais entre os países? Na verdade, ao longo do tempo, os países protegeram suas empresas colocando dificuldades para a entrada de mercadorias estrangeiras. Essa proteção à economia nacional chama-se protecionismo. Para isso, o governo estipula taxas ou tarifas alfandegárias, isto é, o produto importado sofre um aumento de preço.

Um exemplo hipotético: sem a tarifa de importação, uma maçã argentina custaria para o consumidor brasileiro apenas R$ 1,00. O governo, pressionado pelos agricultores brasileiros, resolve protegê-los contra a entrada da maçã portenha. Com essa finalidade, estipula uma taxa alfandegária sobre a maçã argentina, fazendo com que dobre de preço. Com isso, o produto argentino, apesar de ser de boa qualidade, ficaria muito caro, e os consumidores tenderiam a comprar a maçã nacional, pelo preço de R$ 1,25.

Do ponto de vista dos consumidores, houve prejuízo, pois eles foram obrigados a pagar R$ 1,25 pela maçã brasileira, em vez de R$ 1,00 pela maçã argentina. Mas que medida seria a mais adequada? Ser nacionalista e comer a maçã brasileira, mais cara, ou pensar apenas no próprio bolso e comer a maçã argentina, mais barata?

Por outro lado, a entrada da maçã argentina sem taxa nenhuma poderia estimular a competitividade entre produtores brasileiros e argentinos, visando o mercado consumidor. Quando há competitividade, os preços tendem a baixar; e a qualidade, a melhorar, beneficiando os consumidores.

Com a melhoria da qualidade e dos preços, os produtores brasileiros também poderiam exportar para a Argentina. Os especialistas dizem que uma das principais vantagens da criação de blocos econômicos entre países é a economia de escala. Ou seja, em vez de uma empresa produzir apenas para o mercado consumidor de seu país, ela passa a produzir visando o mercado consumidor de todos os países do bloco. Uma empresa que produza tortas de maçã na Argentina, por exemplo, teria facilidades para vender aos consumidores brasileiros, paraguaios e uruguaios. Desse modo, a produção aumentaria, os preços baixariam e os lucros seriam cada vez maiores.

Entretanto, existem riscos. Os produtores brasileiros poderiam não ter condições de baixar tanto os preços, entrariam em dificuldades e abandonariam a produção, indo à falência, o que causaria desemprego. O caso da maçã ilustra um dos maiores dilemas do comércio internacional e da criação de blocos econômicos: abrir ou não abrir o mercado nacional para os importados? Eis a questão. Na verdade, há vantagens e desvantagens, conforme o caso.

### ATIVIDADES

**1** Qual é o objetivo principal da criação de blocos econômicos entre vários países?

_____
_____
_____
_____
_____

**2** O que significa OMC? Qual é a sua função?

_____

**3** Explique o que é taxa alfandegária.

_____

## União Europeia: o bloco mais poderoso do mundo

Com o término da Segunda Guerra (1939-1945), os países da Europa Ocidental encontravam-se em dificuldades, visto que suas economias estavam arruinadas pelo conflito. Aos poucos, os europeus começaram a tornar-se reféns da influência econômica dos EUA por conta do Plano Marshall.

No entanto, com o objetivo de fortalecer suas economias e reduzir a dependência em relação aos EUA, houve um esforço para estimular a cooperação econômica e política entre os países europeus. É certo que para conseguir essa cooperação foi necessário superar as rivalidades históricas entre alguns países.

A integração entre os países da Europa aconteceu de forma gradual e iniciou-se no pós-guerra. A primeira experiência foi o pequeno bloco Benelux em 1948, um organismo de cooperação formado por Bélgica, Países Baixos (Holanda) e Luxemburgo.

No ano de 1951, foi assinado o Tratado de Paris, que criou a Ceca (Comunidade Europeia do Carvão e do Aço). A Ceca teve por objetivo estimular a livre circulação de matérias-primas e mercadorias vinculadas ou produzidas pela indústria siderúrgica (carvão mineral, ferro e aço). Os sócios eram: Bélgica, Países Baixos, Luxemburgo, Alemanha Ocidental, França e Itália.

Em 1957, viria a integração mais ampla, uma vez que a assinatura do Tratado de Roma deu origem à CEE (Comunidade Econômica Europeia). Eram apenas seis países: Alemanha Ocidental, França, Itália, Bélgica, Países Baixos e Luxemburgo. Em 1973, aderiram três novos sócios: Reino Unido, Irlanda e Dinamarca. A Grécia entrou em 1981, enquanto Espanha e Portugal, em 1986.

Símbolo da União Europeia.

Em 1992, foi assinado o Tratado de Maastricht, em que os países sócios se comprometem a padronizar suas economias e finanças com a finalidade de adotar uma moeda única, o euro. Desde então, a CEE mudou de nome para UE (União Europeia). Em 1995, houve a adesão de três novos países: Áustria, Suécia e Finlândia.

Com a finalidade de viabilizar a implementação do euro, os países implantaram reformas econômicas como: redução das taxas de inflação, adequação das taxas de juros, além do controle das flutuações cambiais e dos défices públicos.

O euro teve sua implantação completada em 2002. Hoje, a Zona do Euro é integrada por 17 países. Entre os países desenvolvidos do bloco, os únicos que não aderiram à nova moeda foram: Reino Unido, Dinamarca e Suécia.

A União Europeia empreendeu uma expansão para o Leste Europeu. A partir de 2004, entraram no bloco: Estônia, Letônia, Lituânia, Polônia, República Checa, Eslováquia, Hungria, Eslovênia, Malta e Chipre. Em 2007, ingressaram no bloco a Bulgária e a Romênia. Países como Turquia, Croácia e Macedônia são candidatos a ingressar no bloco.

## NAFTA

O NAFTA (Área de Livre Comércio da América do Norte) é integrado por Estados Unidos, Canadá e México. Criado na década de 1990, o bloco promoveu o crescimento do comércio entre seus membros. A partir de então, o México apresentou um expressivo crescimento de suas exportações e passou a receber grandes investimentos norte-americanos e canadenses. A integração é basicamente econômica, já que ocorrem restrições à circulação de pessoas, pois os Estados Unidos querem conter a entrada de imigrantes mexicanos clandestinos em seu território.

Símbolo da NAFTA.

## Mercosul

Em 1991, com a assinatura do Tratado de Assunção, foi criado o Mercosul (Mercado Comum do Sul). O bloco é composto por cinco sócios plenos: Brasil, Argentina, Uruguai, Paraguai e Venezuela. Os membros associados não apresentam o mesmo grau de integração que os membros plenos. Os associados são: Chile, Bolívia, Peru, Equador e Colômbia.

Com a criação do Mercosul, aconteceu uma intensificação das relações comerciais entre os países da região. Os principais problemas do Mercosul são:

- As diferenças econômicas entre seus membros, já que o Brasil corresponde a 70% do bloco;
- As frequentes crises econômicas e políticas internas entre seus membros;
- As divergências comerciais entre os sócios.

## Comunidade Andina

Também existe uma aproximação dos países do Mercosul com a CA (Comunidade Andina), formada por Colômbia, Equador e Peru. O bloco encontra-se em crise, inclusive devido à saída da Venezuela.

## UNASUL

Uma das medidas para melhorar as relações entre os países da América do Sul seria a melhoria da integração física através dos transportes com a implantação de rodovias, ferrovias, hidrovias e pontes.

O Brasil liderou a formação da UNASUL (União das Nações Sul-Americanas), um organismo de cooperação diplomática com o intuito de estimular a integração de todos os países da América do Sul.

## APEC

A APEC (Cooperação Econômica da Ásia e Pacífico) é composta por países banhados pelo Pacífico na Ásia, Oceania e América. São nações que apresentam diferentes níveis de desenvolvimento. Os sócios da APEC são: Estados Unidos, Canadá, México, Chile, Peru, Rússia, Austrália, Nova Zelândia, Brunei, Papua Nova Guiné, Indonésia, Japão, Malásia, Cingapura, Vietnã, Filipinas, Tailândia, China (incluindo Hong Kong) e Taiwan.

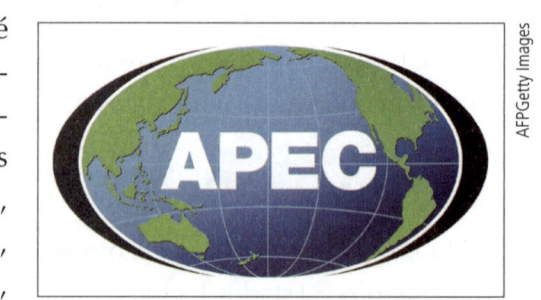

## União Africana

A UA (União Africana) foi fundada recentemente em substituição à OUA (Organização da Unidade Africana). A UA é formada por todos os países do continente africano. Seus objetivos são a integração econômica e o fortalecimento dos laços geopolíticos com a mediação de conflitos étnicos e religiosos em alguns países.

### Você sabia?

## CPLP

Você sabia que existe um bloco onde o português é a língua oficial de todos os países?

Sim, existe. Trata-se da CPLP (Comunidade dos Países de Língua Portuguesa) que apresenta objetivos culturais e geopolíticos. O bloco é integrado por Brasil, Portugal, Angola, Moçambique, Guiné-Bissau, São Tomé e Príncipe, Cabo Verde e Timor Leste. O principal objetivo do bloco é o fortalecimento da língua portuguesa.

## ATIVIDADES

1. Elabore um texto sobre o Mercosul utilizando corretamente os termos: união aduaneira, Brasil, divergências, Argentina, protecionismo, Paraguai, Uruguai, comércio, Venezuela e Chile.

**2** O que é a CPLP? Qual é o seu objetivo?

_____
_____
_____

**3** Produza um resumo sobre os blocos econômicos destacados no mapa a seguir.

| | |
|---|---|
| ■ APEC – Cooperação Econômica Ásia-Pacífico | ■ CEFTA – Acordo de Livre Comércio da Europa Central |
| ■ ALADI – Associação Latino-Americana de Integração | ■ OCE – Organização de Cooperação Econômica |
| ■ EEE – Espaço Econômico Europeu | ■ COMESA – Mercado Comum dos Países do Leste e Sul da África |
| ■ CEDEAO – Comunidade Econômica dos Estados da África do Oeste | ■ CEMAC – Comunidade Econômica e Monetária da África Central |
| ■ CCG – Conselho de Cooperação do Golfo | |

**Fonte**: Com base em FERREIRA, Graça Maria Lemos. *Atlas geográfico espaço mundial*. São Paulo: Moderna, 2010.

_____
_____
_____
_____
_____
_____
_____
_____

**4** Leia o texto a seguir e interprete o mapa na resolução dos itens.

## As transnacionais e o trigo

O trigo é uma planta originária do Oriente Médio. Ao longo do tempo, tornou-se um dos principais alimentos consumidos no mundo, graças à difusão dos hábitos alimentares dos países desenvolvidos industrializados. Desse modo, comer pão constitui um hábito alimentar globalizado, e o trigo passou a constituir o principal produto agrícola comercializado no mundo.

No mundo atual, grandes empresas estão associadas ao processo de produção de alimentos, ligadas aos setores químico e alimentício. Utilizam cada vez mais a biotecnologia, isto é, o aprimoramento genético das plantas agrícolas visando a geração de maior número de sementes, melhor adaptação ao clima e aumento da produtividade. Além disso, controlam a produção de adubos, agrotóxicos e fertilizantes.

Grande parte da comercialização de produtos agrícolas é controlada por transnacionais como a Cargill, a Bouge & Born e a Bunge. Observe no mapa a seguir a produção e os fluxos do trigo no mundo, sua distribuição geográfica de produção e os principais países exportadores e importadores.

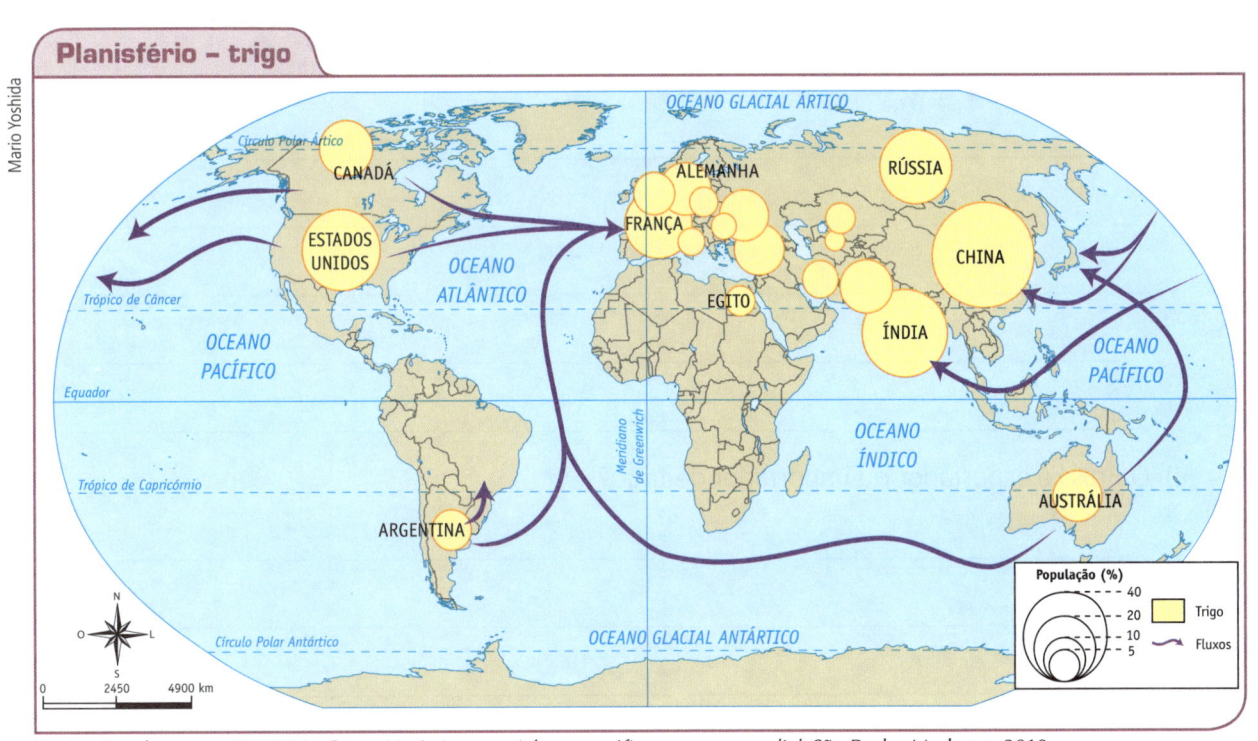

**Fonte:** Com base em FERREIRA, Graça Maria Lemos. *Atlas geográfico espaço mundial.* São Paulo: Moderna, 2010.

a) Cite os cinco maiores produtores de trigo.

_____
_____
_____
_____

**119**

b) Mencione três países produtores e exportadores de trigo.

___

c) Cite dois países produtores e importadores de trigo.

___

d) Descreva um dos fluxos do trigo no espaço mundial, da área exportadora para as áreas consumidoras.

___

e) O Brasil é exportador ou importador de trigo?

___

**5** Leia o texto a seguir e depois, com a interpretação do mapa, responda os itens:

### As transnacionais e o alumínio

A produção mundial de alumínio é dominada por um pequeno grupo de poderosas empresas: Alcan (Canadá), Alcoa (Estados Unidos), Reynolds (Austrália), Pechiney (França) e Alussuise (Suíça). O alumínio tem inúmeras finalidades. É utilizado em grandes estruturas metálicas e até em utensílios domésticos, como simples panelas.

Para fabricar 1 tonelada de alumínio são necessárias 4 toneladas da matéria-prima bauxita. Os países onde se localizam as matrizes dessas transnacionais não possuem essa matéria-prima. Mesmo assim, é lucrativa a exploração da bauxita em países distantes, em virtude da modernização do transporte marítimo de minérios, realizado em grandes navios, a baixo custo.

Essas empresas estabeleceram uma rede de filiais e se associaram às empresas locais, controlando a produção de bauxita em diversos países. Geralmente, elas escolhem lugares que tenham bauxita em abundância e com disponibilidade de energia elétrica. Dessa maneira, controlam desde a extração da matéria-prima até sua industrialização, seguindo o esquema de um truste vertical. No mapa a seguir, observe a distribuição dos principais produtores de bauxita do mundo.

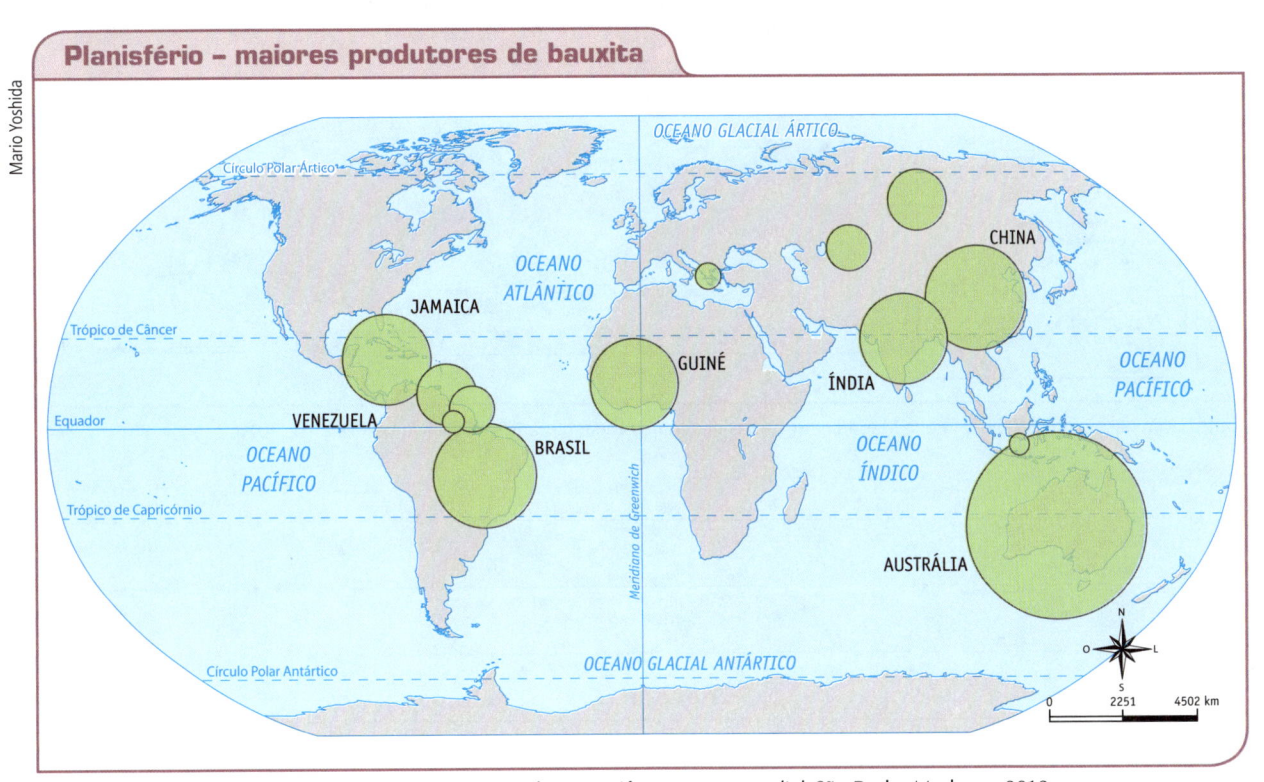

**Planisfério – maiores produtores de bauxita**

Fonte: Com base em FERREIRA, Graça Maria Lemos. *Atlas geográfico espaço mundial*. São Paulo: Moderna, 2010.

a) Qual é o país que apresenta exploração de bauxita e também é sede de uma transnacional do setor de alumínio?

___

b) Com o auxílio de um Atlas, mencione um produtor de bauxita para cada continente.

___

**6** Escreva um texto descrevendo o comércio internacional de minério de ferro e aço a partir da interpretação do mapa a seguir.

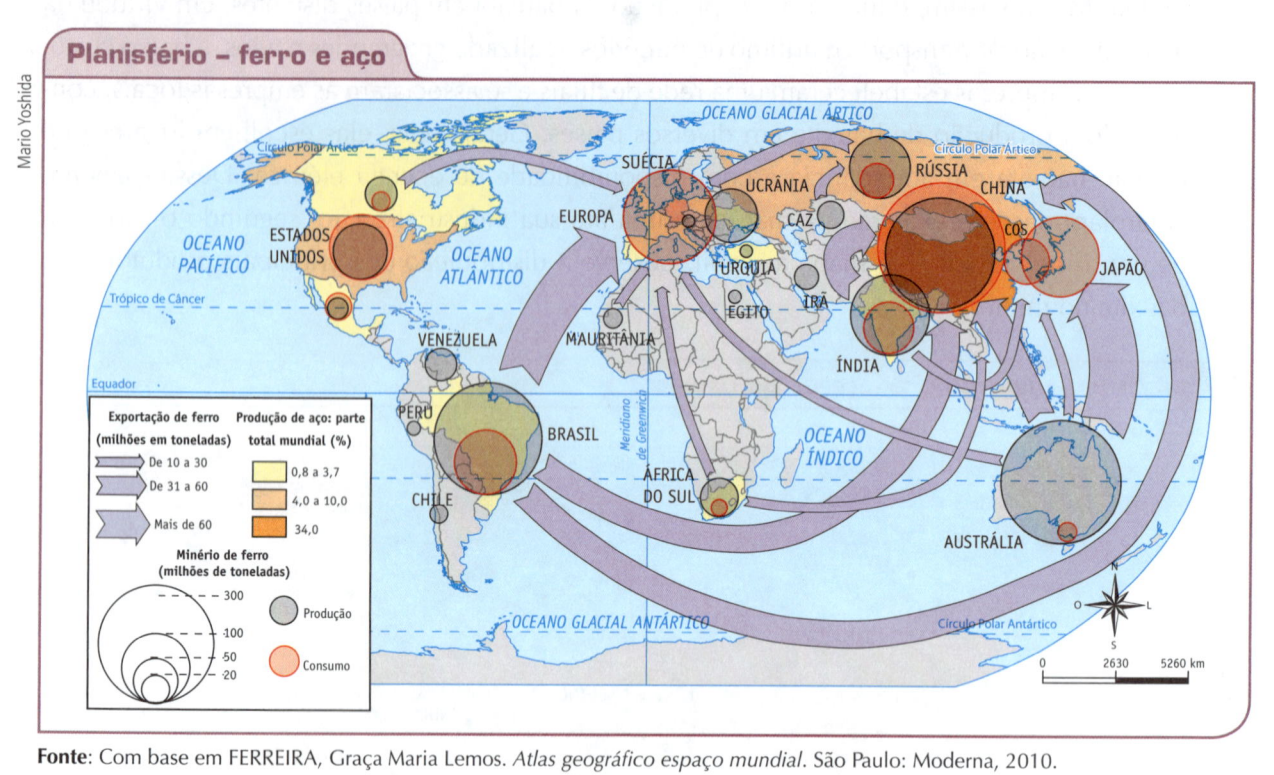

**Planisfério – ferro e aço**

Fonte: Com base em FERREIRA, Graça Maria Lemos. *Atlas geográfico espaço mundial*. São Paulo: Moderna, 2010.

**7** Analise a estrutura das exportações dos países observando o mapa a seguir. Mencione 3 países de continentes diferentes.

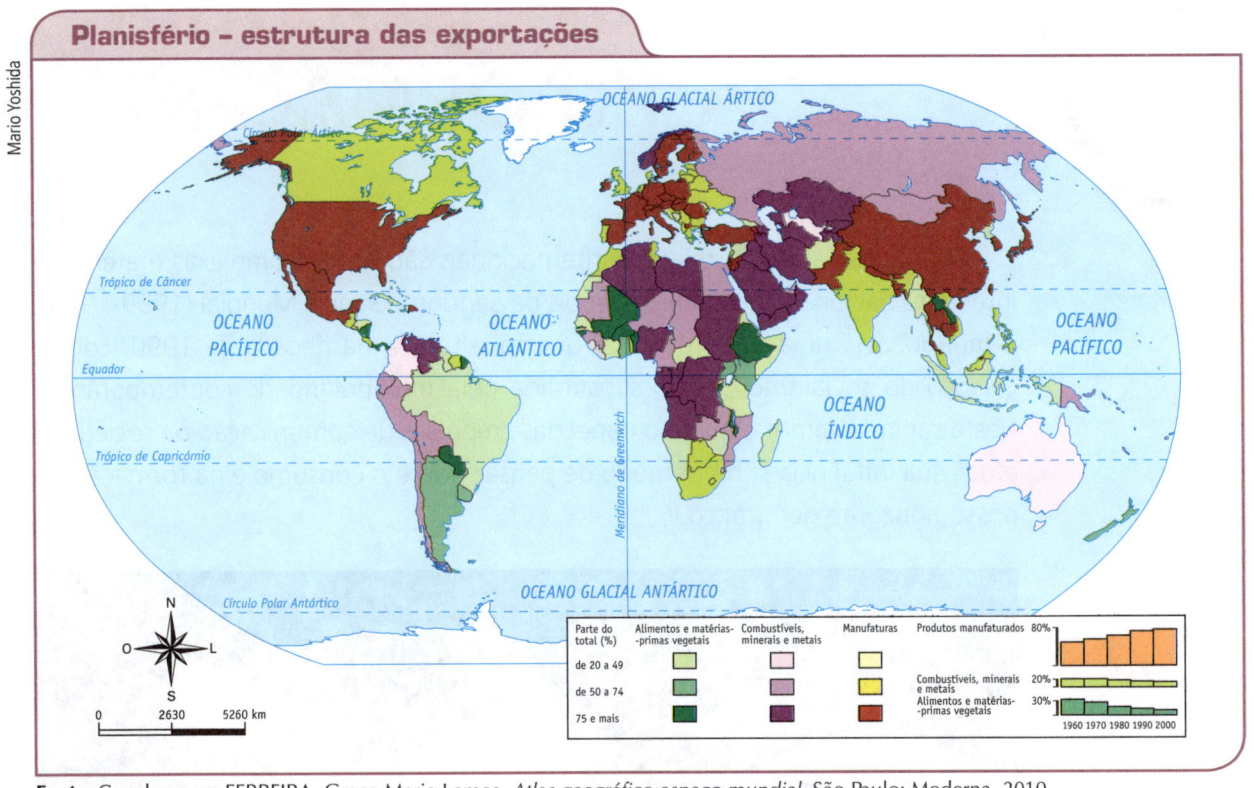

**Planisfério – estrutura das exportações**

Fonte: Com base em FERREIRA, Graça Maria Lemos. *Atlas geográfico espaço mundial*. São Paulo: Moderna, 2010.

_____
_____
_____
_____

**8** Qual a diferença entre Área de Livre Comércio e Mercado Comum?

_____
_____
_____

**9** O que é uma união monetária?

_____
_____
_____
_____

**123**

# Capítulo 7
# SERVIÇOS CULTURAIS E TECNOLOGIA DA INFORMAÇÃO

No mundo atual, as relações internacionais são muito complexas e atendem interesses nacionais e regionais. Depois da Segunda Guerra Mundial (1939-1945), o mundo vivia uma ordem bipolar que foi alterada na década de 1990, com o colapso do socialismo, sendo substituída pela multipolaridade contemporânea. Neste capítulo vamos estudar o papel das empresas de comunicação na sociedade atual, sua influência sobre o modo de pensar, sobre o consumo e na formação de nosso horizonte geográfico.

Satélite de comunicações.

## Rompendo o isolamento

No século XX, desenvolveram-se os meios eletrônicos de comunicação, principalmente o rádio, a televisão e o telefone. Dessa maneira, algumas parcelas da sociedade passaram a se comunicar sem precisar deslocar-se no território e as informações eram emitidas e recebidas simultaneamente.

Uma das invenções mais extraordinárias do século XX foi o satélite artificial de comunicações. O primeiro satélite foi o pequeno Sputnik, lançado pela antiga União Soviética em 1957. Hoje, centenas de satélites orbitam em torno da Terra, permitindo a transmissão instantânea de imagens das mais diversas partes do mundo.

As comunicações dependem de três elementos fundamentais e interdependentes: a infraestrutura, a indústria eletrônica e os serviços culturais.

A infraestrutura é implantada por empresas públicas e privadas, dotando o território de redes que permitem a transmissão de informações a longa distância. São exemplos as antigas linhas telefônicas, os modernos cabos de fibras ópticas, os cabos submarinos, os satélites artificiais e as antenas parabólicas.

A indústria eletrônica, de telecomunicações e de informática produz e comercializa equipamentos, aparelhos de televisão, rádio, telefone, fax, computadores e softwares.

Os serviços culturais, também chamados de "indústria cultural", são representados pelas empresas de mídia, isto é, jornais, revistas, agências de notícias, agências de publicidade, emissoras de rádio, emissoras de televisão, teatro e cinema. A mídia é responsável pela difusão de notícias e entretenimento.

Estúdio do Jornal Nacional na TV Globo.

## Distribuição dos meios de comunicação e censura

No mundo atual, dependemos dos meios de comunicação, tanto em nossas relações pessoais quanto para o desenvolvimento socioeconômico do país.

Os países ricos dispõem de excelente infraestrutura, de grande diversidade e quantidade de jornais, revistas, livros, emissoras de rádio e de televisão, além de ser maior o acesso à internet.

**125**

Já os países pobres apresentam infraestrutura insuficiente, além de menor quantidade e variedade de meios de comunicação. Neste grupo, os países que mais avançaram são as nações emergentes como Coreia do Sul, China, Brasil, Índia, México entre outros. Esses países apresentam boa infraestrutura e meios de comunicação considerados razoáveis. Entretanto, os países mais pobres da África, América Latina e Ásia apresentam situação crítica, visto que existe maior desigualdade no acesso aos meios de comunicação.

Outro problema é a falta de democracia e liberdade de expressão e de imprensa em vários países. Existem países em que os meios de comunicação são controlados pelo governo e censurados. Ou seja, são proibidos de divulgar informações desfavoráveis ao governo e às classes dominantes. É o caso de países com governos autoritários como Arábia Saudita, China, Coreia do Norte, Mianmar, Sudão, entre outros.

Aqui no Brasil, vivemos uma situação semelhante na época da ditadura militar (1964-1985), em que os jornais, revistas, rádios e a televisão eram censurados e jornalistas eram monitorados. Nos períodos mais críticos, alguns textos contrários ao governo eram substituídos por "receitas de bolo".

## Corporações de mídia

O capitalismo monopolista concentra poder econômico nas mãos de poucos e essa tendência também se manifestou nas empresas de mídia. Nas últimas décadas, aconteceu a formação de corporações que controlam emissoras de rádio e televisão abertas, televisão paga, estúdios de cinema, gravadoras de música, jornais, revistas, editoras e provedores de internet. Isto é, uma poderosa "indústria cultural" controla a divulgação de notícias e a produção de entretenimento.

Atualmente, essas corporações, muitas delas transnacionais, dominam a mídia global. A seguir, destacamos sete gigantes da comunicação mundial:

### Algumas corporações da mídia

**Time/Warner**

Origem: Estados Unidos

Grande corporação dona de canais de televisão como a CNN (Cable News Network), HBO, WBTV (Warner Brothers Television), TNT, Cartoon Network e Boomerang e CBS (participação em 50%). No cinema, estúdios como o Warner Brothers, Newline Cinema e Castle Roch Entertainment. Várias revistas como a *Time*, *Fortune*, *People* e *DC Comics* (quadrinhos).

**ABC – Disney**

Origem: Estados Unidos

O grupo destaca-se pelas emissoras de televisão ABC, ESPN, A&E, Disney Channel. No cinema, os estúdios Walt Disney Pictures, Pixar, Touchstone Pictures e Miramax Films. O grupo também controla grandes parques temáticos na Europa, Ásia e Estados Unidos (Disneylândia, Disney World e Euro Disney).

### Bertelsmann
Origem: Alemanha

A corporação atua na televisão com emissoras como a RTL e Premiere (Alemanha) e Fratel (Luxemburgo), e no cinema com Ufa Film. Na música, o grande destaque é a SONY & BMG.

### Viacom
Origem: Estados Unidos

Destacam-se canais de televisão como a CBS, MTV (Music Television), CMT e Nickelodeon. No cinema, o estúdio Paramount Pictures.

### News Corporation
Origem: Estados Unidos/Austrália

Grande conglomerado de mídia. Na televisão controla os canais FOX, National Geographic Channel e British Sky Broadcasting. O grande estúdio de cinema Twentieth Century Fox e jornais como o *The Wall Street Journal* (EUA), *New York Post* (EUA), *The Times* (Reino Unido), *The Sun* (Reino Unido) e *The Australian* (Austrália). Na internet, o *Myspace*.

### NBC Universal
Origem: Estados Unidos

A NBC Universal é uma companhia de mídia e entretenimento formada em 2004 pela fusão da NBC, da General Electric (GE) e da Vivendi. Universal Entertainment, parte da Vivendi SA, grupo de mídia francês.

Na televisão, destaca-se a NBC e, no cinema, a Universal Studios. A NBC Universal também opera parque de diversões.

### Televisa
Origem: México

A Televisa é a quinta maior rede de televisão do mundo e apresenta grande destaque na produção de novelas, exportadas para todo o mundo, inclusive para o Brasil.

### Globo
Origem: Brasil

O grupo controla uma das maiores redes de televisão do mundo, a Rede Globo. A Globosat é responsável pelos canais por assinatura (Globo News, Viva, GNT, SPORTV, entre outros). Também opera a NET (televisão a cabo, telefonia e acesso à internet/vírtua). No cinema, o grupo controla a Globo Filmes. Na música, a Som Livre. No ramo de livros, a Editora Globo e diversas revistas (*Época, Criativa, Globo Rural, Globo Ciência, Pequenas Empresas Grandes Negócios* etc.). Entre os jornais, destaca-se *O Globo* (Rio de Janeiro), *Valor Econômico* (São Paulo) e *Diário de S.Paulo* (São Paulo). No rádio, a Rádio Globo e na internet, a Globo.com.

### Sony
Origem: Japão

A Sony Corporation, além de operar na indústria de eletrônicos (televisão, DVDs, *videogames*, celulares etc.), atua na indústria do entretenimento, sendo proprietária dos estúdios de cinema Columbia Tri-Star Pictures, Metro-Goldwyn-Mayer (MGM), gravadoras, além dos canais de TV por assinatura como a Sony Entertainment Television, Animax e AXN.

## ATIVIDADES

**1** Quais são os elementos fundamentais no desenvolvimento dos meios de comunicação?

___

**2** No que consiste a "indústria cultural"?

___

**3** Cite dois grandes grupos empresariais da indústria cultural no mundo atual.

___

## Meios de comunicação de massa

Os meios de comunicação que atingem expressivas parcelas da sociedade nos mais diversos lugares são chamados meios de comunicação de massa. Os meios impressos são representados principalmente pelos jornais e revistas. Os meios eletrônicos principais são o rádio, a televisão e a internet.

Os meios de comunicação de massa são os principais formadores de opinião pública na sociedade. Eles são fundamentais para conectar as pessoas aos acontecimentos locais, nacionais e internacionais.

### Televisão, território e desigualdade

No Brasil, a maioria da população, mesmo a mais pobre, tem acesso à televisão. O país é um dos maiores produtores de televisores do mundo, juntamente com países como Estados Unidos, China, Coreia do Sul, Japão, Malásia e Tailândia. Também encontra-se entre os cinco maiores consumidores mundiais de televisores.

Na atualidade, a televisão atinge grande parte da população. Mais de 90% dos domicílios brasileiros possuem televisão colorida e 97% da população com mais de 10 anos assiste à televisão pelo menos uma vez por semana.

A televisão constitui o principal meio de comunicação de massa no Brasil e na América Latina devido à baixa incidência do hábito da leitura e ao alto preço das publicações impressas (jornais e revistas) para a população mais pobre.

Os meios de comunicação difundem ideias sobre o espaço geográfico por meio de programas jornalísticos, culturais, novelas, musicais, debates e programas infantis. Algumas vezes, a televisão difunde ideias equivocadas sobre questões tratadas pela Geografia.

Por vezes, em alguns noticiários, "as chuvas" são consideradas culpadas pelas enchentes. Deixa-se em segundo plano a questão da exclusão social e da urbanização inadequada, que faz famílias inteiras ocuparem áreas de risco. No Nordeste, "as secas" tornam-se culpadas pela miséria e migração. Novamente, dá-se menor ênfase a causas estruturais como a desigualdade social e a má distribuição de terras na região.

O Brasil possui 281 canais ou emissoras de televisão e cerca de 8740, de acordo com os dados do Ministério das Comunicações de junho de 2001. Entre as emissoras públicas controladas pelo governo, destaca-se a TV Brasil e a TV Cultura (São Paulo), reconhecida como uma das melhores televisões educativas do mundo.

Entretanto, o mercado de televisão no Brasil é liderado por redes particulares. As emissoras principais, chamadas de "cabeças de rede", concentram-se no Rio de Janeiro e em São Paulo. As redes possuem afiliadas geradoras e retransmissoras no resto do território nacional.

A maior rede particular é a Globo, que atinge cerca de 99,77% dos municípios do país. Em seguida, destacam-se quatro redes menores: Record, SBT (Sistema Brasileiro de Televisão), Bandeirantes e Rede TV.

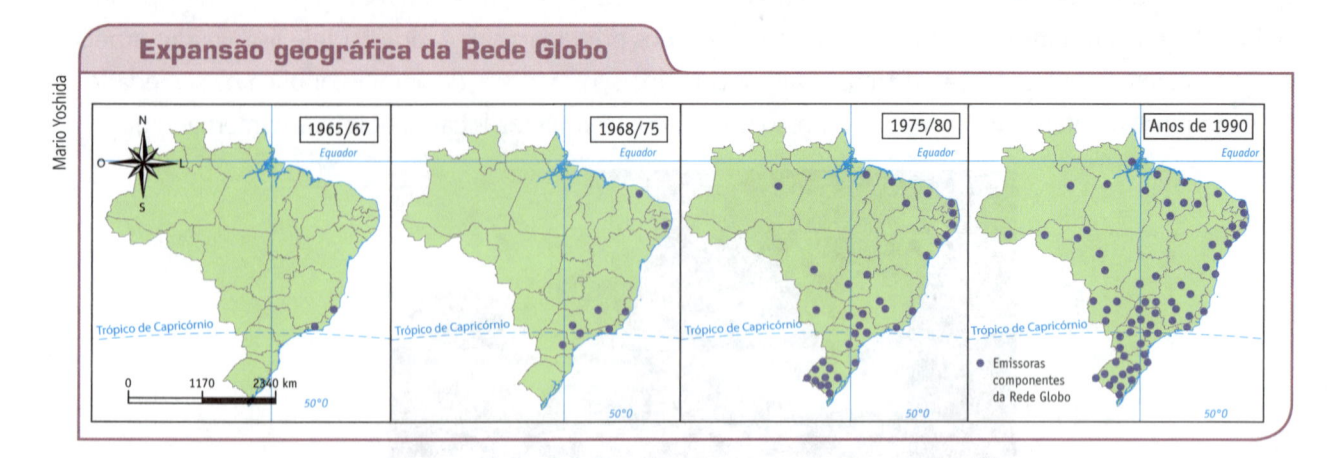

**Expansão geográfica da Rede Globo**

Mario Yoshida

1965/67 — 1968/75 — 1975/80 — Anos de 1990

• Emissoras componentes da Rede Globo

### Você sabia?

#### Invasão cultural e a força da cultura brasileira

Os meios de comunicação também contribuem para a difusão da cultura e dos hábitos de consumo dos países ricos por meio das corporações da mídia. Os países pobres são mais vulneráveis à "invasão cultural" estrangeira, por meio do cinema, da televisão e da música.

No Brasil, a influência cultural norte-americana é bastante considerável e tem modificado os hábitos e o consumo. Passeia-se nos *shoppings*, come-se hambúrguer, usa-se tênis, ouve-se música norte-americana, vê-se cinema e séries televisivas norte-americanas.

Filme brasileiro que foi sucesso de bilheteria.

Todavia, a cultura e a identidade cultural brasileira apresentam grande vitalidade. A maior parte da programação na televisão aberta é brasileira. Nos últimos anos, o cinema brasileiro obteve grande crescimento em qualidade e público. A música brasileira, além de dominar o território nacional, é respeitada e exportada para o mundo inteiro.

## Computadores e internet

Foi em 1965 que surgiu o primeiro computador, enquanto o primeiro microcomputador data de 1971. Nas décadas posteriores, de 1980 e de 1990, o setor de informática conheceu uma rápida modernização. A utilização dos computadores foi intensificada para armazenar, processar e transmitir informações. De modo geral, os meios de comunicação foram se associando à informática. A partir de então, desenvolveu-se a multimídia, ou seja, a integração entre telefonia, televisão e informática.

Com tecnologia de cabos de fibra óptica foi possível integrar a informática às telecomunicações, a telemática. Viabilizou-se, portanto, o desenvolvimento da internet, a rede mundial de computadores. Seu funcionamento dá-se por meio da infraestrutura de comunicações como as linhas telefônicas, as fibras ópticas e os satélites de comunicações.

Para ter acesso a essa rede, o usuário deve ter acesso a um microcomputador e a um provedor, isto é, uma empresa que viabiliza a conexão entre o micro e a rede. Na atualidade, expandem-se até telefones celulares com acesso a internet.

Criança de oito anos utilizando *notebook*.

Por meio da internet, é possível consultar, enviar e receber informações dos mais variados tipos (textos, fotos, gráficos, desenhos e vídeos). A parte mais interessante da rede é o www, a world wide web, que permite navegar pela rede e ter acesso a páginas com textos e imagens sobre os mais diversos assuntos.

Hoje, há grande difusão de redes sociais, como Facebook e Twitter, que ampliaram e aceleraram as possibilidades de comunicação entre as pessoas.

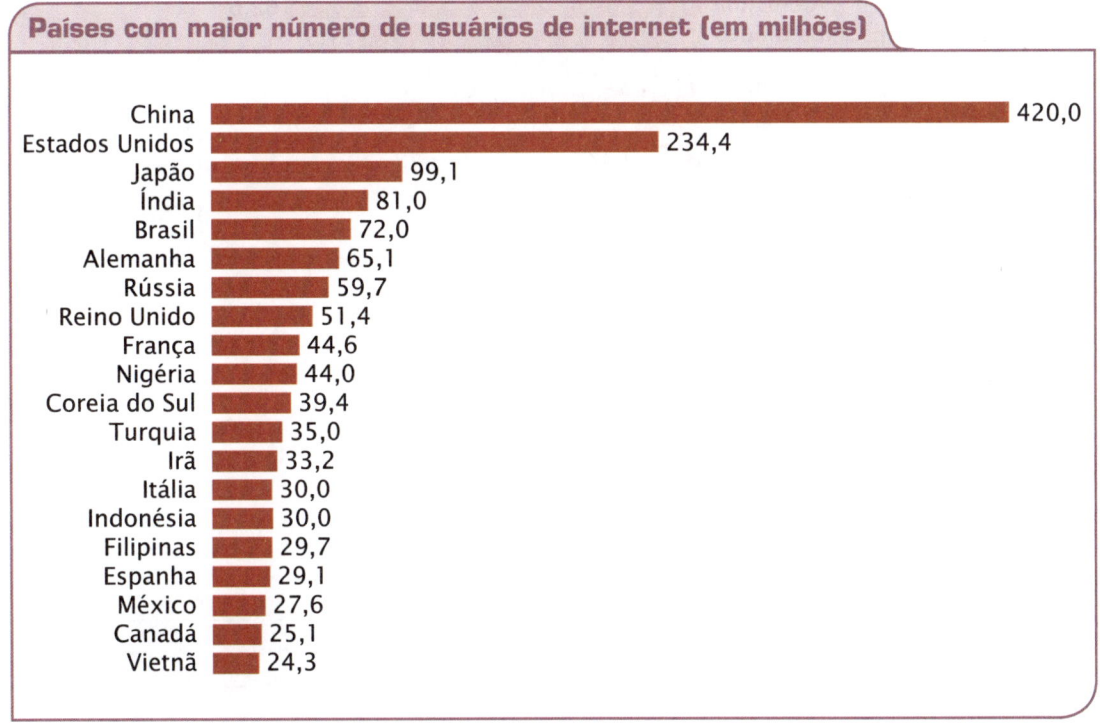

**Países com maior número de usuários de internet (em milhões)**

|  |  |
|---|---|
| China | 420,0 |
| Estados Unidos | 234,4 |
| Japão | 99,1 |
| Índia | 81,0 |
| Brasil | 72,0 |
| Alemanha | 65,1 |
| Rússia | 59,7 |
| Reino Unido | 51,4 |
| França | 44,6 |
| Nigéria | 44,0 |
| Coreia do Sul | 39,4 |
| Turquia | 35,0 |
| Irã | 33,2 |
| Itália | 30,0 |
| Indonésia | 30,0 |
| Filipinas | 29,7 |
| Espanha | 29,1 |
| México | 27,6 |
| Canadá | 25,1 |
| Vietnã | 24,3 |

**Fonte**: Cia Factbook e WorldBank.

## ATIVIDADES

**1** Qual a sua opinião sobre a produção cultural brasileira na atualidade (programas de televisão, cinema, teatro, música, festas populares etc.)? O Brasil tem uma identidade cultural marcante no mundo?

_____
_____
_____
_____
_____

**2** Podemos afirmar que a produção cultural brasileira atravessa uma fase de:

a) pouca produção e sem expansão. (  )

b) estagnação. (  )

c) pequena produção voltada para a exportação. (  )

d) consolidação e expansão. (  )

**3** Analise o gráfico a seguir, escreva sobre a desigualdade de acesso aos meios de comunicação no mundo atual.

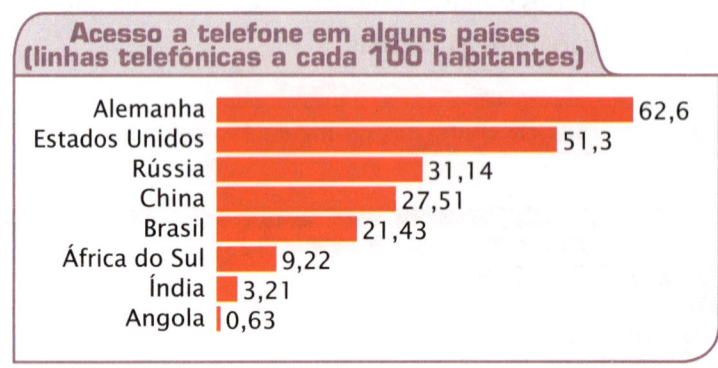

**Acesso a telefone em alguns países (linhas telefônicas a cada 100 habitantes)**

|  |  |
|---|---|
| Alemanha | 62,6 |
| Estados Unidos | 51,3 |
| Rússia | 31,14 |
| China | 27,51 |
| Brasil | 21,43 |
| África do Sul | 9,22 |
| Índia | 3,21 |
| Angola | 0,63 |

Fonte: IBGE, 2000.

_____
_____
_____
_____
_____
_____

**4** Por que a internet (E-mail, Messenger, Orkut, Facebook, Twitter etc.) revolucionou as comunicações entre as pessoas que moram em diferentes lugares?

_____
_____
_____
_____
_____
_____
_____
_____
_____

**5** Em relação ao número de domicílios com telefones móveis, podemos afirmar:

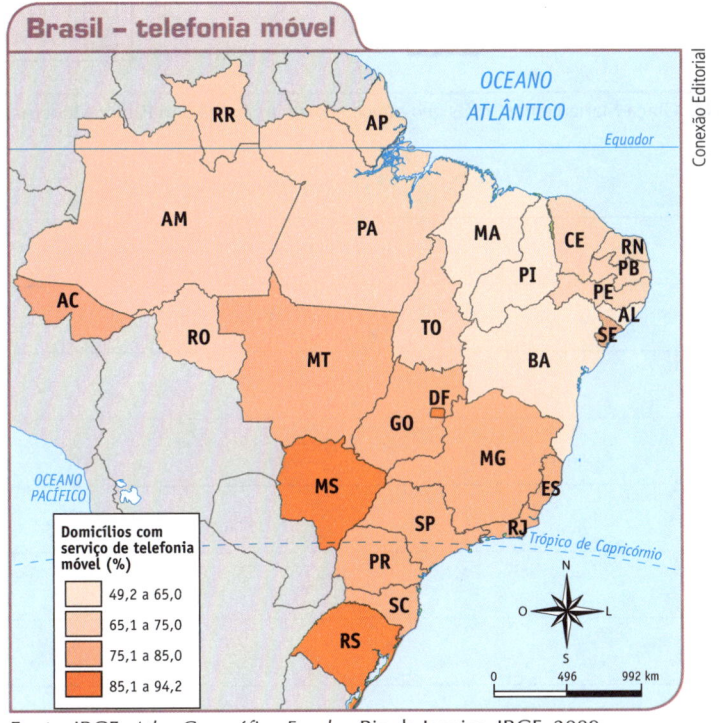

Fonte: IBGE. *Atlas Geográfico Escolar*. Rio de Janeiro: IBGE, 2009.

a) Rio Grande do Sul é um dos estados que tem maior porcentagem desse serviço. ( )

b) Maranhão é um estado que dispõe de um dos menores serviços de telefonia. ( )

c) Rio de Janeiro tem uma porcentagem grande de domicílios com telefonia móvel, mas é inferior ao Mato Grosso do Sul. ( )

d) Todas estão corretas. ( )

**133**

**6** Escreva sobre a desigualdade de acesso à internet no mundo com base no mapa a seguir. Mencione o caso de 4 países de categorias diferentes conforme a legenda e localizando em continentes diferentes.

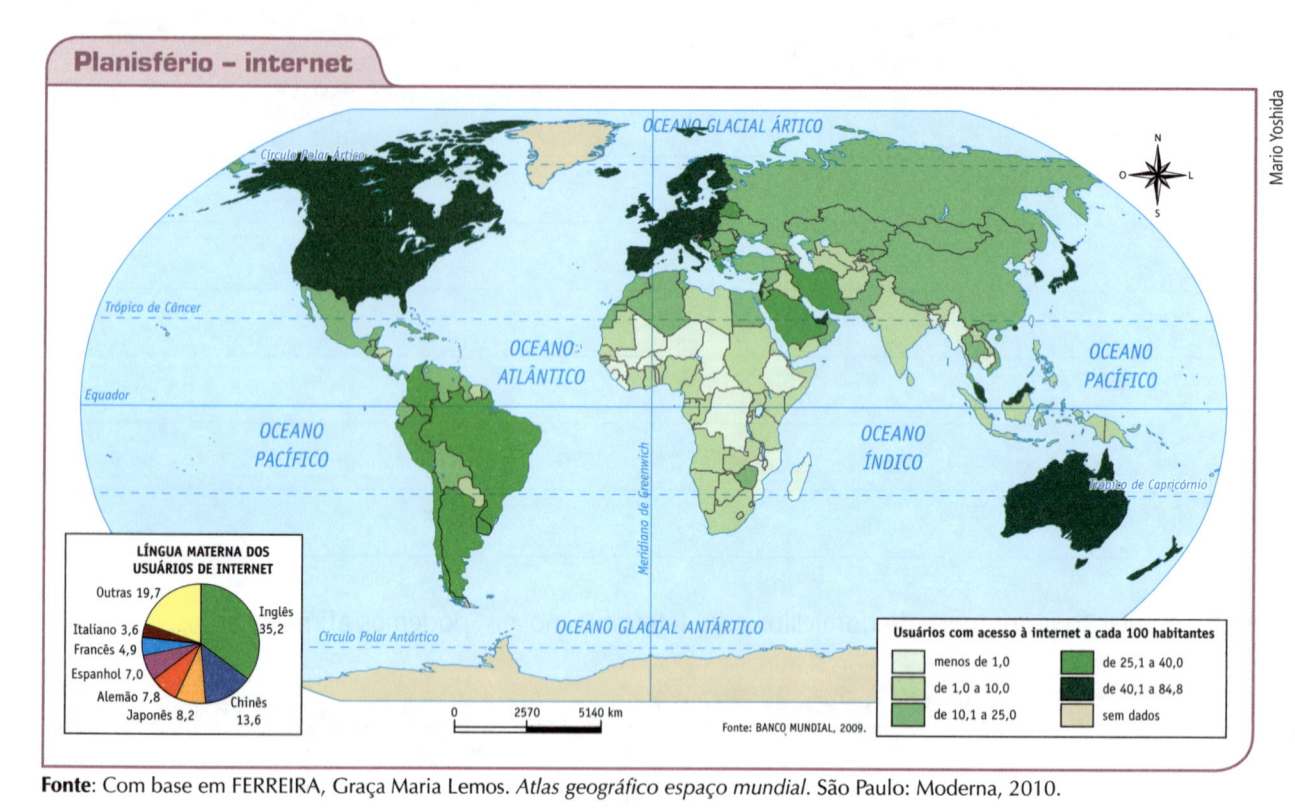

**Planisfério – internet**

LÍNGUA MATERNA DOS USUÁRIOS DE INTERNET
- Inglês 35,2
- Chinês 13,6
- Japonês 8,2
- Alemão 7,8
- Espanhol 7,0
- Francês 4,9
- Italiano 3,6
- Outras 19,7

Usuários com acesso à internet a cada 100 habitantes
- menos de 1,0
- de 1,0 a 10,0
- de 10,1 a 25,0
- de 25,1 a 40,0
- de 40,1 a 84,8
- sem dados

Fonte: BANCO MUNDIAL, 2009.

Fonte: Com base em FERREIRA, Graça Maria Lemos. *Atlas geográfico espaço mundial*. São Paulo: Moderna, 2010.

**7** Leia o texto a seguir. Depois, observe o mapa e coloque verdadeiro (V) ou (F) nas afirmações.

Hoje, a internet conta com milhões de usuários em todo o planeta e está em vertiginosa expansão. No entanto, o acesso à rede não é homogêneo, estando mais difundido nos países ricos e entre as populações de classe média e alta dos países pobres.

No caso do Brasil, a população de menor renda tem dificuldade de acesso a novas tecnologias, computadores e internet. Trata-se de um problema grave, considerando que o mercado de trabalho exige cada vez mais conhecimentos de informática dos trabalhadores.

O chamado "analfabetismo digital" deve ser combatido, e os mais pobres têm de ter seus direitos de acesso à educação de melhor qualidade e à tecnologia respeitados, um dever dos governos.

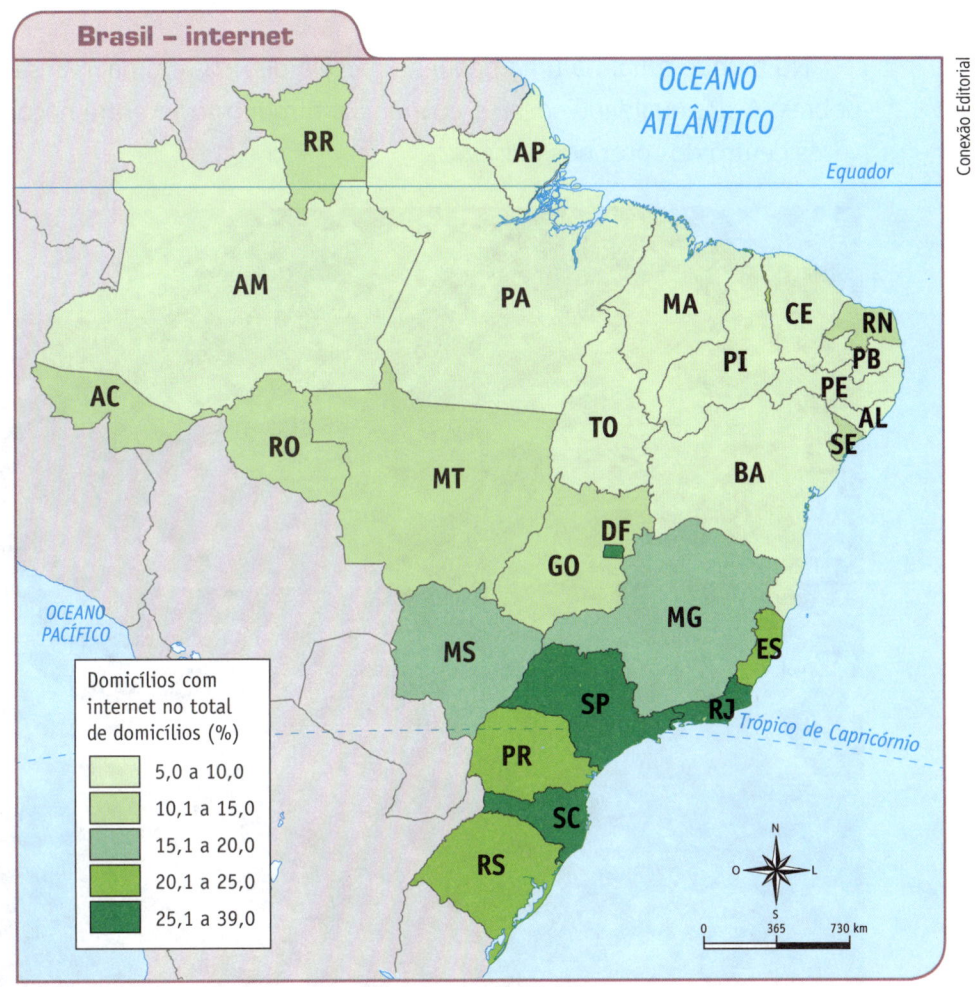

**Fonte:** IBGE. *Atlas Geográfico Escolar.* Rio de Janeiro: IBGE, 2009.

a) O acesso à internet no Brasil é homogêneo. ( )

b) A região brasileira com maior acesso à internet é a Região Norte. ( )

c) Os estados que têm maior número de domicílios com acesso à internet são São Paulo, Rio de Janeiro e Santa Catarina. ( )

d) Todos os estados da Região Nordeste têm o mesmo intervalo (5 a 10%) de domicílios com internet. ( )

**135**

# Capítulo 8

# A Nova Ordem Multipolar

Neste capítulo vamos desvendar o significado dos conceitos geopolíticos e refletir sobre a velha e a nova ordem internacional, da bipolaridade à multipolaridade contemporânea.

No mundo atual há uma pequena parcela de ricos e uma imensa maioria de pobres. A desigualdade social e econômica é muito forte entre nações e muitas vezes dentro dos próprios países.

Catadores no Aterro Sanitário de Jardim Gramacho, Duque de Caxias (RJ), 2012.

## Planisfério – divisão política

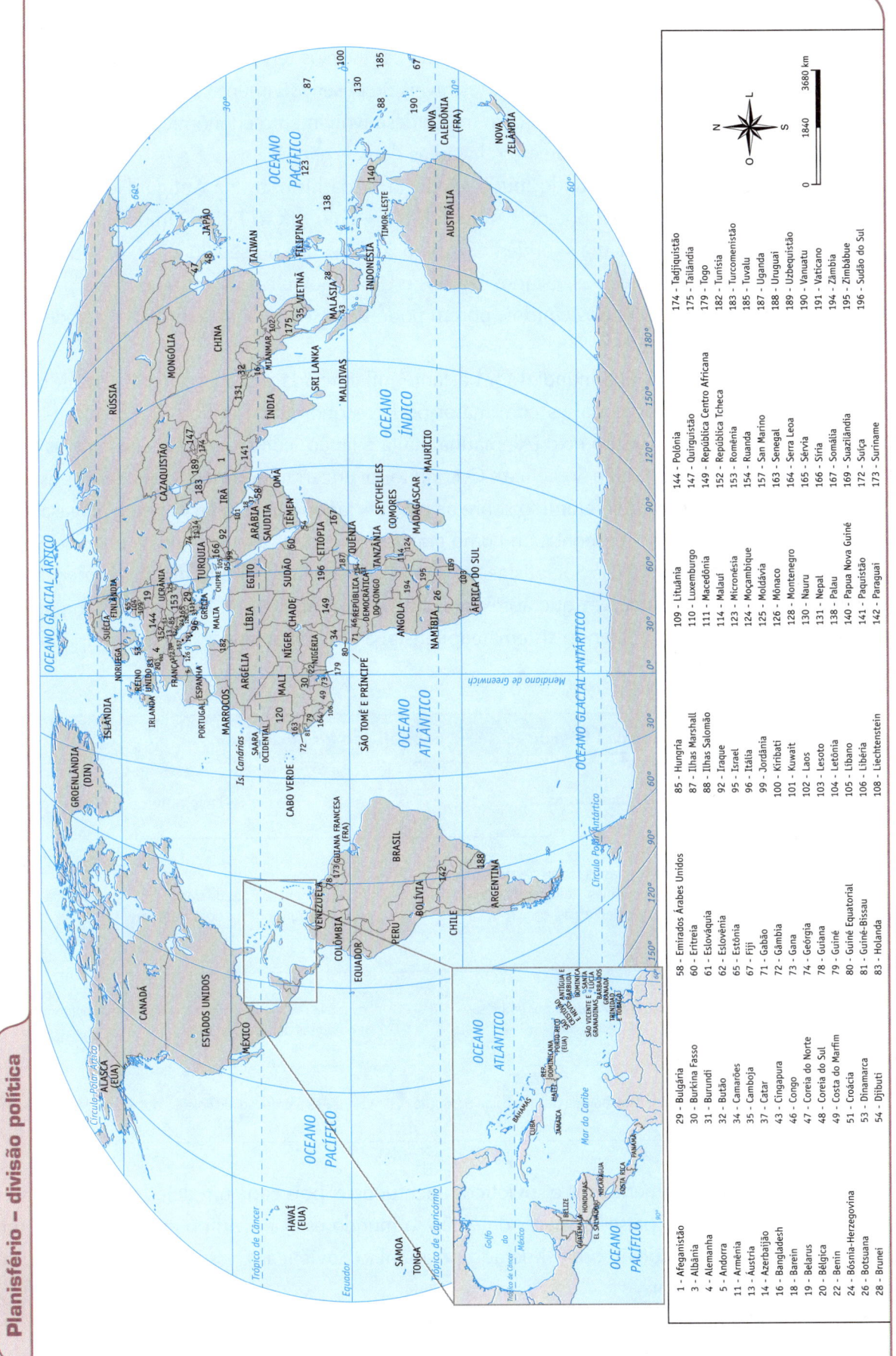

1 - Afeganistão
3 - Albânia
4 - Alemanha
5 - Andorra
11 - Armênia
13 - Áustria
14 - Azerbaijão
16 - Bangladesh
17 - Barein
19 - Belarus
20 - Bélgica
22 - Benin
24 - Bósnia-Herzegovina
26 - Botsuana
28 - Brunei

29 - Bulgária
30 - Burkina Fasso
31 - Burundi
32 - Butão
34 - Camarões
35 - Camboja
37 - Catar
43 - Cingapura
46 - Congo
47 - Coreia do Norte
48 - Coreia do Sul
49 - Costa do Marfim
51 - Croácia
53 - Dinamarca
54 - Djibuti

58 - Emirados Árabes Unidos
60 - Eritreia
61 - Eslováquia
62 - Eslovênia
65 - Estônia
67 - Fiji
71 - Gabão
72 - Gâmbia
73 - Gana
74 - Geórgia
78 - Guiana
79 - Guiné
80 - Guiné Equatorial
81 - Guiné-Bissau
83 - Holanda

85 - Hungria
87 - Ilhas Marshall
88 - Ilhas Salomão
92 - Iraque
95 - Israel
96 - Itália
99 - Jordânia
100 - Kiribati
101 - Kuwait
102 - Laos
103 - Lesoto
104 - Letônia
105 - Líbano
106 - Libéria
108 - Liechtenstein

109 - Lituânia
110 - Luxemburgo
111 - Macedônia
114 - Malaui
123 - Micronésia
124 - Moçambique
125 - Moldávia
126 - Mônaco
128 - Montenegro
130 - Nauru
131 - Nepal
138 - Palau
140 - Papua Nova Guiné
141 - Paquistão
142 - Paraguai

144 - Polônia
147 - Quirguistão
149 - República Centro Africana
152 - República Tcheca
153 - Romênia
154 - Ruanda
157 - San Marino
163 - Senegal
164 - Serra Leoa
165 - Sérvia
166 - Síria
167 - Somália
169 - Suazilândia
172 - Suíça
173 - Suriname

174 - Tadjiquistão
175 - Tailândia
179 - Togo
182 - Tunísia
183 - Turcomenistão
185 - Tuvalu
187 - Uganda
188 - Uruguai
189 - Uzbequistão
190 - Vanuatu
191 - Vaticano
194 - Zâmbia
195 - Zimbábue
196 - Sudão do Sul

Fonte: IBGE. *Atlas Geográfico Escolar*. Rio de Janeiro: IBGE, 2009.

137

# A ordem bipolar (1945-1991)

A Geopolítica é a parte da Geografia que estuda os diversos territórios e as relações de poder entre os países. Os países apresentam diferentes níveis de desenvolvimento social, político, econômico e militar. De modo geral, os países com maior desenvolvimento econômico e poderio militar apresentam posição de maior destaque em relação às demais nações.

A distribuição de poder no mundo muda no decorrer da história. Na Antiguidade, o Império Romano chegou a ser a principal potência mundial. No século XIX, o Reino Unido, que iniciou a Revolução Industrial, foi o país mais influente. A partir de meados do século XX, o mundo foi polarizado por duas grandes potências, Estados Unidos e União Soviética. Na atualidade, o país mais poderoso do mundo são os Estados Unidos, porém pode-se observar o crescimento do poderio de outras nações como a China.

No século XX, a geopolítica mundial foi bastante influenciada pela Segunda Guerra Mundial (1939-1945). Nesse conflito, os países com maior poder econômico e militar organizaram-se em dois grupos rivais: as potências do eixo (Alemanha, Itália e Japão) contra as potências aliadas (Estados Unidos, Reino Unido e União Soviética). O conflito foi encerrado em 1945, quando os Estados Unidos realizaram o bombardeio atômico sobre as cidades japonesas de Hiroshima e Nagasaki.

Após a guerra, dois países despontaram como grandes potências, Estados Unidos e União Soviética (URSS: União das Repúblicas Socialistas Soviéticas). Essas duas superpotências começaram a disputar poder no mundo, uma vez que apresentavam sistemas socioeconômicos antagônicos – os Estados Unidos, como nação líder do sistema capitalista, a União Soviética, como principal potência de sistema socialista.

| Diferenças básicas entre o capitalismo e o socialismo | | |
|---|---|---|
| | Capitalismo | Socialismo |
| Sociedade | Sociedade dividida em classes sociais. As duas principais são: trabalhadores e burguesia (empresários donos dos meios de produção, indústrias, comércio, bancos, fazendas etc.). | Sociedade sem divisões de classe, embora dominada pelos altos funcionários do governo. |
| Economia | Economia de mercado comandada por empresas particulares. | Economia planificada e centralizada e com o predomínio de empresas públicas (estatais). |
| Propriedade | Valoriza-se a propriedade privada dos meios de produção. | Valoriza-se a propriedade coletiva dos meios de produção. |

A disputa entre norte-americanos e soviéticos acentuou-se, pois cada um deles queria ter maior influência sobre os demais países. A partir de então, o mundo estava dividido em dois blocos, um liderado pelos Estados Unidos e outro liderado pela União Soviética. Desse modo, configurou-se uma ordem mundial bipolar.

Nesse período, a maioria dos países foi pressionada a alinhar-se a uma ou outra superpotência. As relações entre Estados Unidos e União Soviética foram regidas pela Guerra Fria. Isto é, uma disputa ideológica, econômica, geopolítica e militar entre as superpotências. Observe a charge a seguir sobre a Guerra Fria.

**Capitalistas × Socialistas**

Durante a Guerra Fria, norte-americanos e soviéticos investiram na produção de armamentos sofisticados e mortíferos: tanques, caças, mísseis e navios de guerra. Também desenvolveram armas de destruição em massa: químicas, biológicas e nucleares. As armas nucleares apresentam capacidade de devastar toda a civilização e todos os seres vivos sobre a superfície terrestre.

A ordem bipolar beneficiou bastante a indústria de armamentos. Assim, o comércio de armas tornou-se um negócio lucrativo. Armas eram vendidas para diversos países que atravessavam conflitos e guerras.

Mas a corrida armamentista não ficou restrita às superpotências. Países como Reino Unido, França, China, Índia, Paquistão, Israel e, recentemente, a Coreia do Norte, também desenvolveram armas nucleares.

Outra faceta da disputa entre as superpotências foi a corrida aeroespacial, caracterizada pelo investimento na tecnologia de lançamento de satélites, ônibus espaciais e estações orbitais.

O desenvolvimento dos satélites artificiais possibilitou uma revolução nas telecomunicações entre as várias regiões do mundo. Também propiciou a produção de imagens da superfície terrestre que melhoraram nosso conhecimento sobre a geografia do planeta.

Teste nuclear no Oceano Pacífico.

Ônibus espacial Challenger dos EUA. Um dos símbolos da corrida espacial a partir da Guerra Fria, aposentado em 2011.

> **Você sabia?**
>
> ### Os "três mundos"
>
> Alguns países tentaram manter-se numa posição de autonomia em relação à influência das superpotências. No final da década de 1950, esboçou-se a formação do bloco dos não alinhados integrado por alguns países latino-americanos, asiáticos, africanos e europeus.
>
> As dificuldades econômicas e políticas inviabilizaram a consolidação da autonomia geopolítica. Muitos países, como os asiáticos e africanos, tinham acabado de conquistar sua independência. No decorrer do tempo, a maioria passou para a órbita de influência norte-americana ou soviética. Um dos países que manteve certa autonomia foi a China, que, apesar de socialista, não se submeteu à liderança soviética.
>
> O bloco dos não alinhados passou a ser conhecido como o grupo dos países pobres ou do "Terceiro Mundo". O Primeiro Mundo seria formado pelos países capitalistas ricos como Estados Unidos, França e Japão. O Segundo Mundo era formado pelos países socialistas, como União Soviética e Polônia.
>
> **O mundo bipolar (até a década de 1980)**
>
> **Fonte**: Com base em BARRETO, Mauricio. *Atlas Escolar Geográfico*. São Paulo: Escala Educacional, 2006.

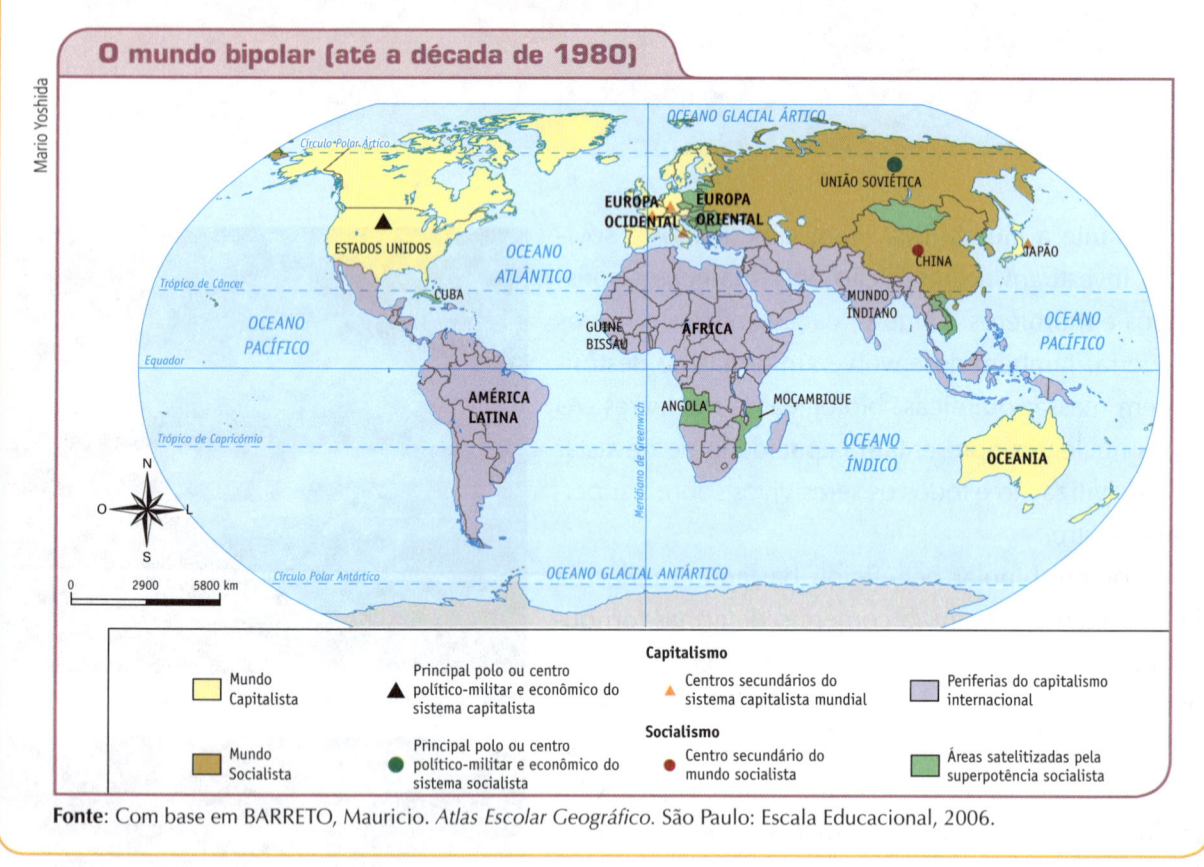

## A bipolaridade dividindo nações

No período da Guerra Fria, a disputa entre capitalistas e socialistas associada à influência norte-americana e soviética levou à fragmentação de várias nações. Essas divisões causaram confusões e transtornos para a população, visto que até famílias foram divididas. Essas divisões aconteceram na Alemanha, Coreia, Vietnã e Iêmem.

No caso da Alemanha, derrotada na Segunda Guerra Mundial, o Tratado de Potsdam (1949) selou sua divisão em dois países: a Alemanha Ocidental, capitalista (com influência dos Estados Unidos, Reino Unido e França) e a Alemanha Oriental, socialista, com influência da União Soviética.

A metrópole de Berlim, localizada dentro da Alemanha Oriental, também foi dividida. Como podemos observar no mapa a seguir, a parte capitalista da cidade ficou separada da parte socialista pelo muro de Berlim. A Alemanha foi reunificada apenas em 1990.

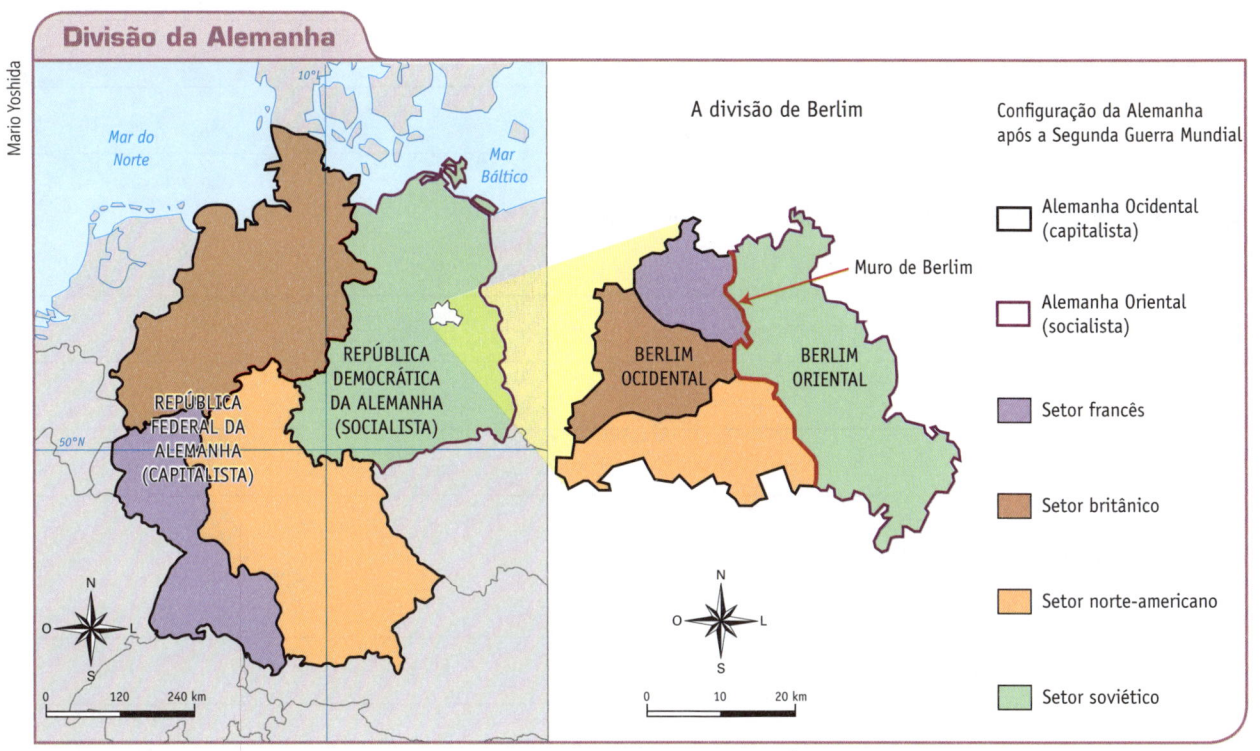

**Divisão da Alemanha**

Fonte: Com base em ARRUDA, José Jobson de A. *Atlas Histórico Básico*. São Paulo: Ática, 2007.

## ATIVIDADES

1. Explique como foi a divisão dos países em "três mundos".

___

2. O que é geopolítica?

___

**141**

**3** Cite duas características do capitalismo.
___
___
___
___

**4** Mencione duas características do socialismo.
___
___
___
___

**5** Explique o que foi a ordem bipolar da Guerra Fria.
___
___
___
___
___
___
___

## A crise do bloco soviético

A ordem bipolar começa a ruir na década de 1980, período em que os países do bloco soviético passaram a atravessar grave crise econômica, social e política. Os principais problemas eram: o autoritarismo político (falta de democracia, de eleições e a corrupção) e as dificuldades econômicas (produtos de má qualidade produzidos pelas empresas estatais, atraso tecnológico e escassez de mercadorias).

Em 1985, na União Soviética, ascende ao poder o líder Mikhail Gorbachev, que inicia duas reformas no país. A primeira foi a *perestroika*, um conjunto de reformas que visavam modernizar a economia, permitindo até a entrada de multinacionais dos países capitalistas. A segunda foi a *glasnost*, uma abertura democrática, permitindo maior liberdade de expressão e de imprensa.

No campo diplomático, o governo Gorbachev foi caracterizado pela aproximação com os Estados Unidos e pela assinatura de vários tratados para redução do arsenal nuclear. Porém, Gorbachev teve dificuldades.

Mikhail Gorbachev.

Na União Soviética, seus adversários estavam divididos em dois grupos. Uns desejavam reformas mais rápidas rumo ao capitalismo. Outros não aceitavam qualquer tipo de mudança.

Nos países do Leste Europeu, área de influência soviética, a população insatisfeita mobilizou-se contra seus governos socialistas. Assim, caíram os governos de Polônia, Tchecoslováquia, Hungria e Romênia. O fim do governo socialista na Alemanha Oriental (1989) foi simbolizado pela queda do muro de Berlim. Em 1990, a Alemanha foi reunificada com a parte capitalista incorporando a parte oriental.

Derrubada da estátua de Lênin na União Soviética, 1989.

No início da década de 1990, a crise agravou-se na própria União Soviética, que era formada por 15 repúblicas com diferentes características étnicas e religiosas. Aconteceu até uma tentativa frustrada de golpe promovida pelos que não desejavam mudanças. A crise se aprofundou e, em 1991, aconteceu o fim da União Soviética. A consequência foi a fragmentação territorial do país em 15 novos países independentes: Rússia, Ucrânia, Belarus, Moldávia, Lituânia, Estônia, Letônia, Armênia, Geórgia, Azerbaijão, Cazaquistão, Uzbequistão, Turcomênia, Tadjiquistão e Quirguízia.

## A geopolítica do século 21

A partir da década de 1990, com a decadência do bloco socialista, a Guerra Fria dá lugar a uma nova ordem mundial. Inicialmente, a nova ordem foi marcada pela multipolaridade, isto é, pela existência de vários polos de poder econômico, notadamente a tríade: Estados Unidos, potências da União Europeia e Japão.

Na atualidade, os Estados Unidos são a maior potência econômica, tecnológica, militar e nuclear do planeta, daí o surgimento do termo "hiperpotência". Isto é, uma potência muito superior às demais e com capacidade de influenciar ou agir em qualquer lugar do mundo para defender seus interesses. Esse poderio dos Estados Unidos faz com que muitos analistas afirmem que estamos em um mundo unipolar.

A União Europeia constitui um bloco econômico formado por 27 países. Nela as potências mais importantes são: Alemanha, França, Reino Unido, Itália e Espanha. Apesar de ser um importante bloco econômico, a União Europeia não apresenta uma política externa e de segurança unificadas. Os Estados Unidos exercem forte influência na Europa Ocidental, cabe lembrar que parte dos países do bloco integram a Otan (Organização do Tratado do Atlântico Norte).

Por vezes, os principais países do bloco assumem posturas diferentes quanto aos problemas mundiais. Por exemplo, na Guerra do Iraque (2003), o Reino Unido se

Porta-aviões, marinha dos Estados Unidos.

aliou aos Estados Unidos. Já a França e a Alemanha foram contrários à guerra. A União Europeia apresenta como áreas de influência direta o Leste Europeu e a África.

Na Ásia, o Japão é a segunda potência econômica e financeira, tendo expressiva influência na Oceania e no sudeste e leste asiáticos. Em termos geopolíticos e militares, o país é aliado dos Estados Unidos.

Nos anos 2000, novas potências emergiram e, rapidamente ganharam espaço econômico e geopolítico. A crise financeira de 2008 afetou bastante o mundo desenvolvido e os países emergentes tiveram um melhor desempenho, especialmente os do grupo BRICS (Brasil, Rússia, Índia, China e África do Sul).

Na atualidade, a China é a mais importante potência emergente do ponto de vista econômico e militar. É o país mais populoso do mundo e maior mercado consumidor em expansão, é a segunda economia do mundo, suplantando o Japão em 2010, e atrás apenas dos Estados Unidos. É o maior produtor industrial e o maior exportador do mundo. Com certeza, é a maior potência financeira do mundo, com reservas internacionais que passam de 3 trilhões de dólares. Além disso, apresenta um grande contingente militar, armas nucleares e crescentes investimentos bélicos.

A China já é uma potência global. É grande exportadora de produtos industrializados e importadora de *commodities* minerais, energéticas e agrícolas da América Latina, África, Austrália, Rússia, Oriente Médio e Ásia Central.

Os demais BRICS são potências regionais com aspiração de tornarem-se globais. É o caso da Rússia, que exerce influência sobre os demais países da CEI (Comunidade de Estados Independentes). A Índia influencia sul e sudeste asiáticos. A África do Sul exerce influência importante na África subsaariana.

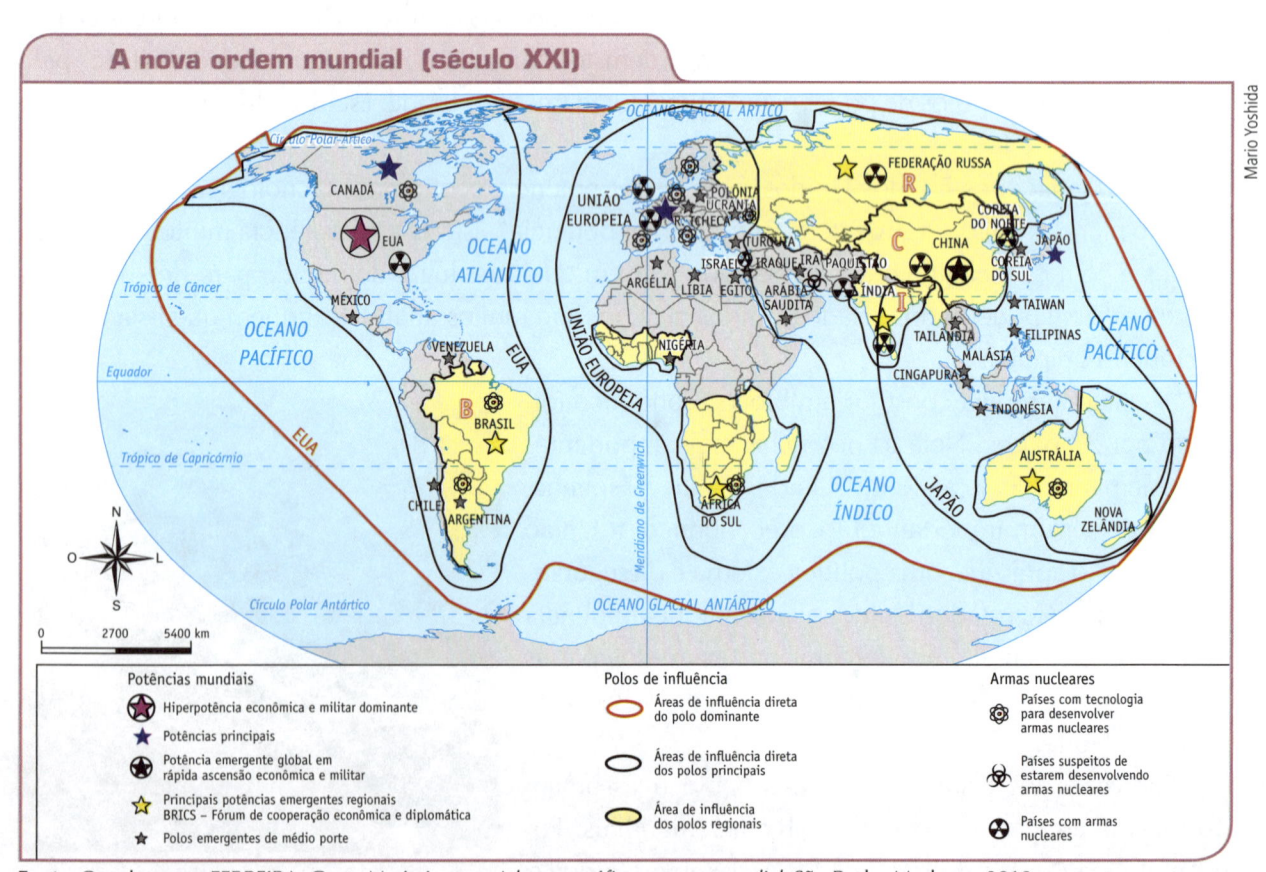

**Fonte**: Com base em FERREIRA, Graça Maria Lemos. *Atlas geográfico espaço mundial*. São Paulo: Moderna, 2010.

## ATIVIDADES

**1** Qual a relação entre a queda do muro de Berlim e a decadência do socialismo real?

_____
_____
_____
_____

**2** Mencione cinco países atuais que resultaram da fragmentação do território da União Soviética em 1991.

_____
_____
_____
_____

**3** Escreva um pequeno texto usando corretamente os termos: Mikhail Gorbachev, *perestroika*, *glasnost*, queda do muro de Berlim e fragmentação política.

_____
_____
_____
_____
_____
_____

**4** Com base no mapa da Nova Ordem Geopolítica mundial (página 147), faça o que se pede.

a) Mencione cinco países que se destacam como potências globais ou regionais.

_____
_____

b) Cite três países que são áreas de influência direta dos Estados Unidos.

_____

c) Cite três países que são áreas de influência direta da União Europeia.

_____

d) Cite três países que são áreas de influência direta do Japão.

_____

**5** Qual a importância da China no mundo atual?

_____
_____
_____
_____

**6** Qual a importância do grupo BRICS?

_____
_____
_____
_____

## Nacionalismos, separatismos e fundamentalismo religioso

A partir da década de 1990, com o fim da Guerra Fria, cresceram os movimentos nacionalistas, separatistas e o terrorismo. Alguns desses movimentos se contrapõem à globalização econômica e cultural. São movimentos que procuram valorizar a cultura local, ou seja, a língua, a religião e os costumes.

Os movimentos separatistas ocorrem quando povos com mesma cultura (etnia, língua, religião e tradições) lutam por um Estado independente com território próprio, pois estão dominados por outros povos. A luta pela independência política pode ser realizada de forma pacífica e democrática, a exemplo dos descendentes de franceses no Canadá que desejam a independência da região de Quebec.

Em muitos casos, porém, os movimentos separatistas se caracterizam por conflitos violentos e atividades terroristas. No Oriente Médio, o povo curdo, distribuído pelos territórios do Iraque, Síria, Turquia, Irã e Armênia, sempre reivindicou um país independente. Nos anos 2000, conquistaram a independência política, o Timor Leste (2002) ante a Indonésia, Montenegro (2006) e Kosovo (2008) ante a Sérvia, e um referendo confirmou a criação do Sudão do Sul (2011) em relação ao Sudão.

É cada vez maior o número de refugiados no mundo. Os refugiados são migrantes de países pobres que saem de seus países em virtude de violência, guerras civis, separatismos e perseguições políticas em países com governos ditatoriais. A maioria migra para os países vizinhos ou pedem asilo em países ricos.

Movimento separatista dos curdos, filiados ao PKK (Partido dos Trabalhadores do Curdistão), grupo separatista e terrorista.

Nos últimos anos, houve o crescimento do fundamentalismo religioso, fenômeno pode ocorrer em todas as religiões. Os fundamentalistas são grupos minoritários e radicais, pois são menos tolerantes em relação às demais religiões. Algumas vezes, o fundamentalismo religioso é combinado com práticas terroristas, guerrilhas e movimentos separatistas.

Por exemplo, o fundamentalismo islâmico é contra a influência ocidental e dos Estados Unidos no Oriente Médio e norte da África. Outro exemplo é a tensão entre católicos e protestantes na Irlanda do Norte, área pertencente ao Reino Unido. Ali, desde 1968, o grupo separatista e com tradição terrorista IRA (Exército Republicano Irlandês), que representa os católicos, tem lutado pelo fim do domínio do Reino Unido e pela fusão da Irlanda do Norte com a República da Irlanda ao sul. Em 1998, houve a assinatura de um acordo de paz que reduziu os conflitos entre católicos e protestantes. Porém, uma facção radical, o IRA "Autêntico" ou "Verdadeiro" não concorda com a pacificação, tendo realizado um atentado em 2010.

## A escalada do terrorismo

O fundamentalismo religioso e político fez com que surgissem grupos terroristas, ou seja, organizações que usam métodos violentos contra seus opositores. Um exemplo é o grupo terrorista e separatista ETA (Pátria Basca e Liberdade), que defende a independência do País Basco contra o domínio da Espanha. Geralmente, os atentados, principalmente explosões de bombas, têm a finalidade de provocar danos aos opositores, ou até de assassiná-los. Porém, muitas vezes os atentados atingem a população civil inocente.

Grupos islâmicos radicais recrutam pessoas que chegam a sacrificar suas próprias vidas pela causa em que acreditam. É comum o uso de "homens-bomba" do grupo palestino Hamas na promoção de atentados contra Israel.

### Atentados de 2001 contra os Estados Unidos

Um dos mais graves atentados terroristas da história foi o ataque contra os Estados Unidos em 11 de Setembro de 2001. Nesses atentados, quatro aviões comerciais foram sequestrados e lançados contra alvos que simbolizavam o poder econômico e militar do país. Duas aeronaves atingiram as torres gêmeas do World Trade Center em Nova York. As torres acabaram desabando, resultando na morte de mais de três mil civis. Outro avião foi lançado contra o Pentágono, em Washington, sede das forças armadas. O último avião acabou caindo no estado da Pensilvânia. Os atentados revelaram o grau de vulnerabilidade de qualquer país aos ataques terroristas, pois a maior potência econômica e militar do planeta tinha sido atingida.

Os atentados foram executados pela organização terrorista Al Qaeda, cujo significado é "a Base" ou "a Fundação", então liderada pelo saudita Osama Bin Laden. A Al Qaeda é contra a influência da civilização ocidental, dos Estados Unidos e de seus aliados no Oriente Médio e no mundo muçulmano.

Atentado nos EUA em 2001, em Nova York (WTC).

No passado, Osama Bin Laden colaborava com os Estados Unidos. Porém, voltou-se contra os norte-americanos em 1990, quando os Estados Unidos atacaram o Iraque na Guerra do Golfo a partir do território da Arábia Saudita. Bin Laden alegou que os norte-americanos não poderiam atacar um país islâmico a partir do solo saudita, pois nele localiza-se a cidade de Meca, sagrada para os muçulmanos. A Al Qaeda promoveu atentados em Londres (Reino Unido), Madrid (Espanha), em países africanos e na Ásia. Bin Laden foi morto por forças americanas em 2011.

Osama Bin Laden, líder da Al Qaeda, morto em 2011 em ação militar dos EUA.

## Estados Unidos: a potência dominante

Logo após os atentados de 2001 a geopolítica mundial sofreu mudanças. Aconteceu um enfraquecimento da ordem multipolar e um aumento do poderio dos Estados Unidos em escala global. O país, liderado pelo então presidente George Bush, começou a ter uma política externa marcada pelo unilateralismo. Ou seja, os Estados Unidos passaram a agir de forma imperialista, isto é, sem respeitar a opinião de dirigentes de outros países e organismos como a ONU (Organização das Nações Unidas). Passaram a promover intervenções militares para garantir seus interesses geopolíticos e econômicos.

Nos últimos anos, os Estados Unidos passaram a liderar a guerra contra o terrorismo, combinando espionagem e ações militares contra grupos como a Al Qaeda. O país colocou em prática o conceito de "guerra preventiva", isto é, "atacar antes de ser atacado". Ou seja, intervenção militar contra países que financiariam o terrorismo e supostamente desenvolveriam armas de destruição em massa (nucleares, químicas e biológicas).

Em 2001, a primeira intervenção militar aconteceu no Afeganistão, cujo governo, dominado pelo grupo islâmico Taleban, colaborou com a Al Qaeda e deu proteção a Osama Bin Laden. O território afegão foi bombardeado pelas forças armadas norte-americanas. Em pouco tempo, o governo Taleban foi derrubado e substituído por um governo pró-Estados Unidos.

Soldados da OTAN em ação no Afeganistão, 2007.

O segundo alvo dos Estados Unidos foi o Iraque em 2003. Os Estados Unidos acusaram o Iraque, então liderado por Sadam Hussein, de desenvolver armas de destruição em massa. O Conselho de Segurança da ONU enviou inspetores para averiguar se o Iraque tinha essas armas, mas nada foi encontrado.

Os Estados Unidos e o Reino Unido invadiram o Iraque sem a autorização da ONU. Em pouco tempo, as forças de ocupação norte-americana e britânica avançaram pelo território iraquiano e tomaram a capital, Bagdá, derrubando o governo do ditador Sadam Hussein. Após a ocupação, foi revelado que não existiam as tais "armas de destruição em massa". O governo dos Estados Unidos alega que a intervenção beneficiou o povo iraquiano, visto que removeu o governo ditatorial de Hussein e começaria a instalar uma democracia no país. Após as eleições realizadas no Iraque, o poder ficou nas mãos dos árabes-xiitas e curdos, a participação dos árabes-sunitas, grupo que detinha o poder na época de Sadam Hussein, é pequena.

Atentado terrorista no Iraque contra tropas dos Estados Unidos, 2010.

## ONU e o Conselho de Segurança

Na atualidade, a principal organização internacional é a ONU, dela participa a maioria dos países. A ONU foi criada após o término da Segunda Guerra Mundial com o objetivo de promover a paz, a cooperação e evitar guerras entre os países.

A ONU apresenta organismos especializados. Um deles é a OMS (Organização Mundial da Saúde), responsável por programas de melhoria das condições de saúde, especialmente em países pobres. Outro é a Unicef (Fundo das Nações Unidas para a Infância), especializada em projetos de melhoria das condições de vida de crianças e adolescentes em vários países.

A ONU exerce um papel importante em países que atravessam conflitos. A ONU costuma mediar negociações de paz e envia tropas para manter a segurança. Também distribui ajuda humanitária, como remédios e alimentos, para áreas atingidas pela fome. Na atualidade, a ONU mantém tropas de paz (os chamados "capacetes azuis") em países como Haiti, Serra Leoa, Costa do Marfim e Kosovo.

Porém, a distribuição de poder na ONU é desigual. O Conselho de Segurança da ONU, instância responsável pela segurança internacional e por intervenções em países em crise, é integrado por 15 membros. Mas, apenas cinco são permanentes e com poder de veto, o que lhes permite impedir ou confirmar qualquer decisão importante. Os membros permanentes ainda são os vencedores da Segunda Guerra Mundial: Estados Unidos, Rússia, Reino Unido, França e China. Os outros 10 membros são rotativos, isto é, ficam apenas por um curto período e depois são substituídos por outros países.

Muitos analistas acreditam que a ONU tenha de passar por uma reforma para adequar-se à realidade do século XXI e se tornar mais eficiente. A intervenção unilateral dos Estados Unidos no Iraque revelou a fragilidade da instituição.

Reunião do Conselho de Segurança da ONU, 2009.

O Conselho de Segurança teria de passar por uma reforma, incluindo novos membros permanentes que apresentam influência em várias regiões do mundo. O principal grupo de candidatos é o G4 (Brasil, Índia, Alemanha e Japão).

Para a América Latina e o Caribe, o Brasil é o principal candidato, mas encontra a oposição do México e da Argentina. No Sul da Ásia, destaca-se a Índia, porém o Paquistão é contrário. O Japão candidata-se pelo leste da Ásia, mas encontra a oposição da China e da Coreia do Sul. Na Europa, a Alemanha é forte candidata, mas a Itália se opõe.

### Você sabia?

#### O Tratado de Não Proliferação Nuclear

Em 2010, em Washington (EUA), ocorreu a reunião da Cúpula de Segurança Nuclear com a participação de 47 países, incluindo o Brasil. Os EUA reiteraram sua preocupação com a possibilidade de terroristas terem acesso a armas nucleares.

O Tratado de Não Proliferação Nuclear (TNP) é um acordo de 1968 cujos objetivos são impedir o uso de materiais atômicos para fins bélicos, promover a erradicação das armas nucleares e assegurar o uso da energia nuclear apenas para fins pacíficos.

O TNP apresenta termos diferentes para Estados "nuclearmente armados" e para os "não nuclearmente armados", mas impede ambos os grupos de fornecer, produzir ou adquirir por outros meios dispositivos bélicos atômicos. O TNP considera "um Estado nuclearmente armado aquele que tiver fabricado ou explodido uma arma nuclear ou outro artefato explosivo nuclear após 1º de janeiro de 1967".

Ao todo, 189 países e Taiwan, que a ONU reconhece como território chinês, aderiram ao TNP. Apenas Israel, Paquistão, Índia e Coreia do Norte não fazem parte do acordo. Os norte-coreanos inicialmente aderiram ao TNP, mas em janeiro de 2003 se retiraram do tratado. O Brasil é signatário desde setembro de 1998.

Desde 1997, os signatários do TNP podem aderir ao Protocolo Adicional. O documento prevê procedimentos invasivos, de acesso à tecnologia, por exemplo, dos sistemas de enriquecimento. A adesão ao Protocolo Adicional é voluntária, mas as potências atômicas reconhecidas (EUA, França, Reino Unido, Rússia e China) pressionam os países desarmados a aderir. O documento foi ratificado por 93 dos 189 membros do TNP, e as potências citadas não são obrigadas a permitir inspeções em suas centrais de produção de material nuclear.

O Brasil é signatário do Tratado de Não Proliferação Nuclear (TNP) desde 18 de setembro de 1998. Na América do Sul, Brasil e Argentina entraram no TNP na década de 1990. Uma cláusula inamovível da Constituição de 1988 determina que o Brasil não terá – e caberá ao governo não permitir a presença em território nacional – artefatos atômicos de ataque; armas em definição final.

As decisões que levaram a essa posição foram tomadas depois de o país ter o estratégico domínio teórico e prático de todo o ciclo do combustível nuclear, da extração ao enriquecimento do urânio. Para chegar a esse ponto especialistas da Marinha, instituição que mantém a pesquisa e o desenvolvimento no setor, há cerca de 30 anos criaram máquinas ultracentrífugas de notável desempenho, alta qualidade e custo reduzido. As primeiras ainda estão em funcionamento e são ao menos cinco vezes mais eficientes do que eram quando foram ativadas. Os modelos mais novos oferecem rendimento 40% maior.

Para proteger a tecnologia desenvolvida no Brasil, o país não vai aderir ao termo aditivo proposto pelas Nações Unidas por meio da Agência Internacional de Energia Atômica (AIEA). O documento prevê procedimentos invasivos, de acesso à tecnologia, por exemplo, dos sistemas de enriquecimento. Tudo o que a AIEA precisa saber é quanto de U-238 (material energeticamente "pobre") entra nas centrífugas, quanto de U-235 (mais "rico") sai, e o que é feito com o resíduo, em uma conta que não deve apresentar sobras. O monitoramento remoto é realizado 24 horas por dia por sensores eletrônicos e câmeras de televisão acondicionados em caixas blindadas, lacradas pela Agência. Inspeções periódicas são feitas por técnicos. O Brasil é a única nação que permite a fiscalização de instalações militares, como o Centro Aramar, em Iperó, no interior de São Paulo.

## ATIVIDADES

1) Responda se é verdadeiro (V) ou falso (F).

a) O fundamentalismo religioso é uma característica exclusiva dos muçulmanos. (  )

b) Nos últimos anos não houve o crescimento do fundamentalismo religioso no mundo. (  )

c) É cada vez maior o número de refugiados no mundo. (  )

d) Muitos movimentos separatistas se caracterizam por conflitos violentos e atividades terroristas. (  )

**2** Por que os Estados Unidos são considerados a potência global dominante?

_____
_____
_____
_____
_____
_____
_____
_____

**3** Sobre o Conselho de Segurança da ONU, responda:

a) Qual é sua função?

_____
_____
_____
_____

b) Quais são seus membros permanentes e com poder de veto?

_____
_____
_____
_____

c) O que é o G4?

_____
_____
_____
_____
_____

**4** Selecione um grupo terrorista destacado no mapa a seguir. Pesquise em jornais, revistas e na internet sobre esse grupo e elabore um texto sobre as causas que defendem e suas práticas.

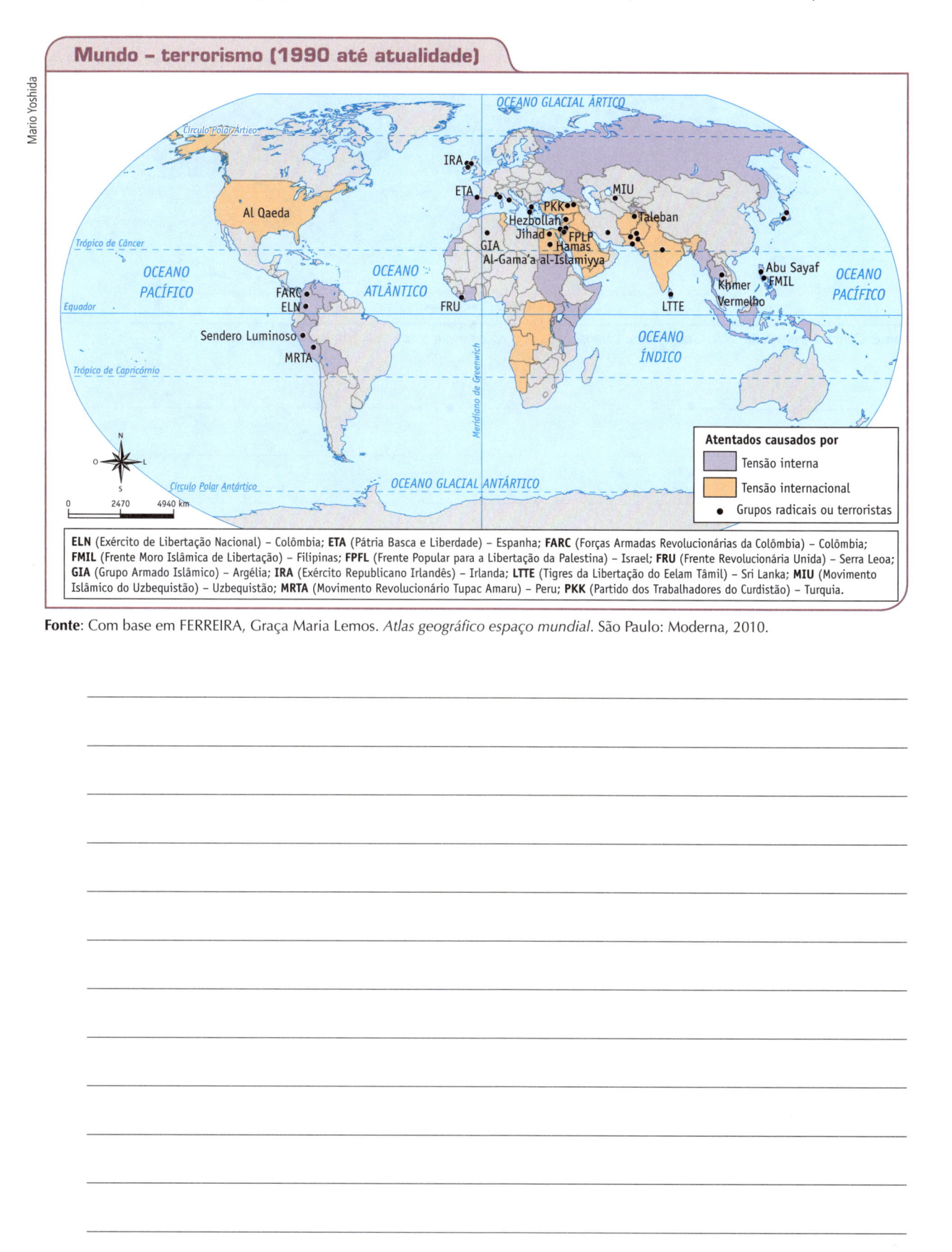

**Mundo – terrorismo (1990 até atualidade)**

**ELN** (Exército de Libertação Nacional) – Colômbia; **ETA** (Pátria Basca e Liberdade) – Espanha; **FARC** (Forças Armadas Revolucionárias da Colômbia) – Colômbia; **FMIL** (Frente Moro Islâmica de Libertação) – Filipinas; **FPFL** (Frente Popular para a Libertação da Palestina) – Israel; **FRU** (Frente Revolucionária Unida) – Serra Leoa; **GIA** (Grupo Armado Islâmico) – Argélia; **IRA** (Exército Republicano Irlandês) – Irlanda; **LTTE** (Tigres da Libertação do Eelam Tâmil) – Sri Lanka; **MIU** (Movimento Islâmico do Uzbequistão) – Uzbequistão; **MRTA** (Movimento Revolucionário Tupac Amaru) – Peru; **PKK** (Partido dos Trabalhadores do Curdistão) – Turquia.

**Fonte**: Com base em FERREIRA, Graça Maria Lemos. *Atlas geográfico espaço mundial*. São Paulo: Moderna, 2010.

**153**

**5** Com base no mapa a seguir, produza um texto sobre as exportações e importações de armas no mundo.

**Comércio de armamentos – exportação e importação**

Fonte: Com base em FERREIRA, Graça Maria Lemos. *Atlas geográfico espaço mundial*. São Paulo: Moderna, 2010.

**6** Escreva sobre o desafio de manter a paz no mundo ante os investimentos no setor militar, com base na análise do mapa a seguir.

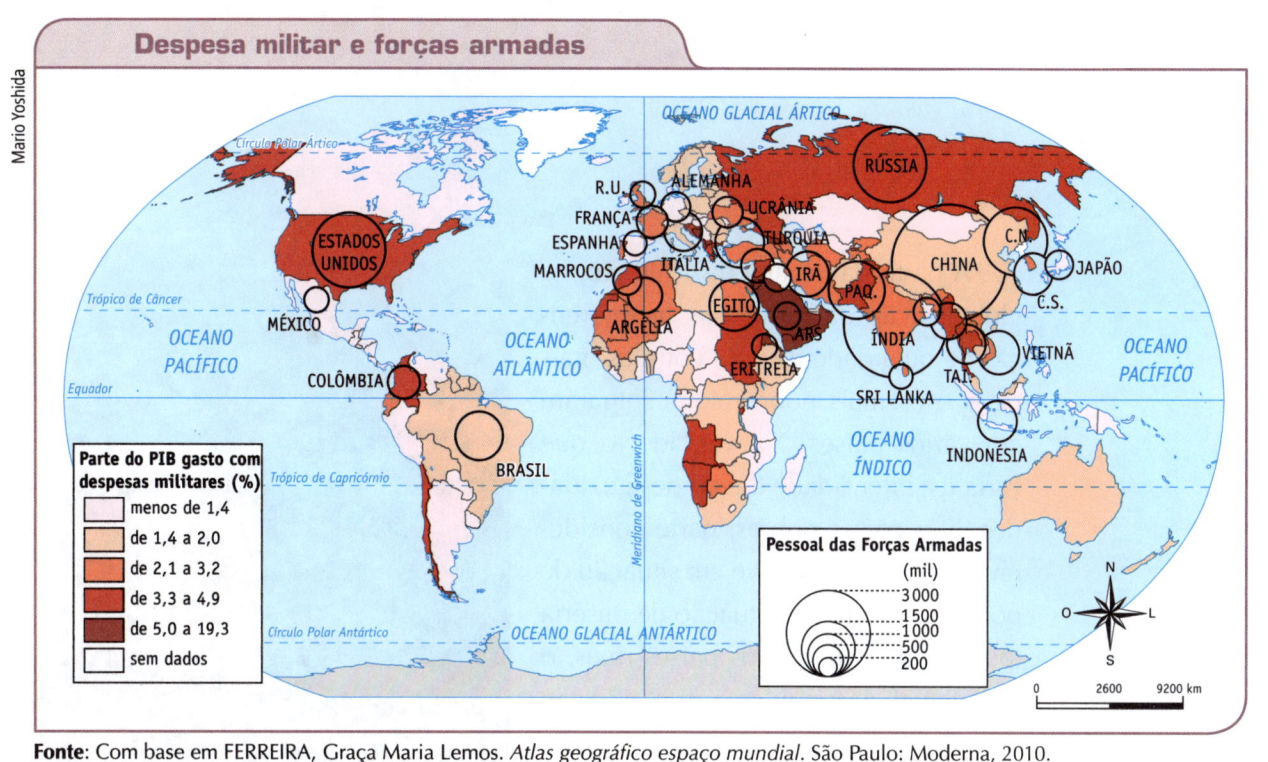

**Despesa militar e forças armadas**

Parte do PIB gasto com despesas militares (%)
- menos de 1,4
- de 1,4 a 2,0
- de 2,1 a 3,2
- de 3,3 a 4,9
- de 5,0 a 19,3
- sem dados

Pessoal das Forças Armadas (mil): 3 000 / 1 500 / 1 000 / 500 / 200

**Fonte**: Com base em FERREIRA, Graça Maria Lemos. *Atlas geográfico espaço mundial*. São Paulo: Moderna, 2010.

155

# Capítulo 9
# Um mundo DESIGUAL

A partir da década de 1990, com a globalização da economia, as diferenças de qualidade de vida entre os mais ricos e os mais pobres se acentuaram em vários países. Na verdade, o que varia é a intensidade dessas desigualdades. Nos países pobres, parte considerável da população vive em situação de pobreza e outra em situação de miséria (pobreza extrema). Nos países ricos, o porcentual de população em situação de pobreza é pequeno.

A desigualdade social extrema é uma das marcas da maioria dos países pobres. O Brasil está entre as 10 maiores economias do mundo, porém a distribuição da riqueza é muito desigual,

Bairro rico no rio de Janeiro, 2011.

pois os 10% mais ricos têm quase 50% da riqueza nacional. Pelo menos temos uma certeza: nenhum país torna-se desenvolvido se não reduzir suas desigualdades sociais.

Bairro pobre em Paris, 2010.

## Os critérios para classificar os países

Para medir as desigualdades entre os países são utilizados critérios quantitativos e qualitativos. O primeiro critério quantitativo é o PIB (Produto Interno Bruto), que é a somatória de toda a riqueza produzida em um país durante um ano. O PIB pode ser calculado utilizando o câmbio, isto é, transformando o PIB da moeda local de cada país (por exemplo, no Brasil, o real) para o correspondente em dólares. Porém, esse método causa distorções, principalmente no caso de países com moeda muito desvalorizada em relação ao dólar.

Na tabela ao lado, podemos observar as maiores economias do mundo conforme o tamanho do PIB. Trata-se do PIB-PPC (paridade de poder de compra), um método mais adequado de avaliação do tamanho da economia dos países. O PIB-PPC leva em consideração o poder de compra da moeda de cada país. Leva em conta o custo relativo de vida e as taxas de inflação do país, em vez de usar apenas as taxas de câmbio.

Portanto, como podemos observar na tabela abaixo, segundo o método PIB-PPC, as maiores economias do mundo são Estados Unidos, China, Japão, Índia, Alemanha, Rússia, Brasil, Reino Unido, França e Itália.

Outro método de avaliação da riqueza de um país é a renda *per capita*. Para encontrá-la, basta dividir o PIB pela população absoluta do país. A maioria dos países desenvolvidos apresenta renda alta, superior a 20 000 dólares por habitante a cada ano. Por exemplo, Luxemburgo apresenta uma renda *per capita* de 108 706 dólares por habitante. O Brasil é classificado como um país de renda média, com aproximadamente 10 000 dólares por habitante. O Zimbábue, país africano, tem renda baixa, cerca de 324 dólares.

Indicadores como o PIB e a renda *per capita* não são suficientes para classificar um país como rico ou pobre. A renda *per capita* é apenas uma média, como se cada habitante ficasse com a mesma fatia do bolo. Na realidade, a renda é mal distribuída na maioria dos países, principalmente entre os pobres.

Para classificar um país como rico ou pobre temos de considerar também a qualidade de vida da maioria de seus habitantes: alimentação, qualidade da educação, saúde, saneamento básico, acesso a serviços de cultura e lazer.

### Maiores economias do mundo (PIB-PPC – paridade de poder de compra)

| |  |  |
|---|---|---|
| 1 | Estados Unidos | 14 204 322 * |
| 2 | China | 7 903 235 |
| 3 | Japão | 4 354 550 |
| 4 | Índia | 3 388 473 |
| 5 | Alemanha | 2 925 220 |
| 6 | Rússia | 2 288 446 |
| 7 | Brasil | 2 181 677 |
| 8 | Reino Unido | 2 176 263 |
| 9 | França | 2 112 426 |
| 10 | Itália | 1 840 902 |
| 11 | México | 1 541 584 |
| 12 | Espanha | 1 456 103 |
| 13 | Coreia do Sul | 1 358 037 |
| 14 | Canadá | 1 213 991 |
| 15 | Turquia | 1 028 897 |
| 16 | Indonésia | 907 264 |
| 17 | Irã | 839 438 |
| 18 | Austrália | 762 559 |
| 19 | Polônia | 671 927 |
| 20 | Países Baixos | 671 693 |

*Lê-se: 14 trilhões, 204 bilhões e 322 dólares internacionais.
**Fonte**: Fundo Monetário Internacional, 2010.

## O IDH

Para avaliar a qualidade de vida da população, a ONU (Organização das Nações Unidas) criou o IDH (Índice de Desenvolvimento Humano). Esse indicador combina dados como renda *per capita*, expectativa de vida e média de anos de estudo. O IDH é divulgado anualmente e o *ranking* dos países sofre frequentes atualizações.

O IDH varia entre 0 e 1. Quanto mais próximo de 1, melhor o desenvolvimento humano. Quanto mais próximo de 0, piores as condições de vida.

Os melhores países apresentam IDH muito alto, são exemplos: Noruega, Austrália, Nova Zelândia, Estados Unidos, Irlanda, Canadá, Japão, Coreia do Sul, Cingapura, Catar e Emirados Árabes Unidos.

Centro de Bergen, na Noruega.

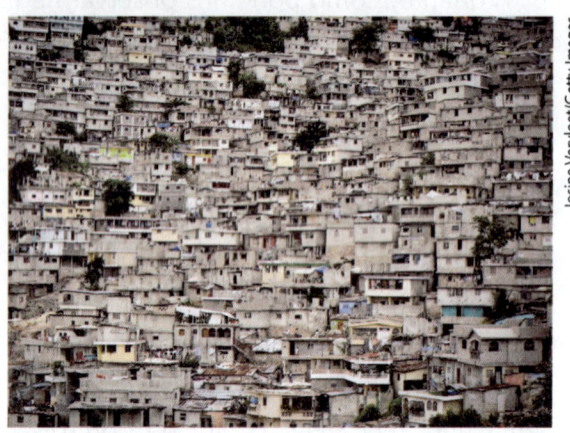

Na segunda categoria estão países com IDH alto. A partir de 2007, o Brasil foi incluído nessa categoria, embora no *ranking* esteja atrás de nações menos desenvolvidas do ponto de vista econômico. Nesse time, são exemplos: México, Argentina, Uruguai, Chile, Rússia, Turquia, Arábia Saudita, entre outros.

Existem países com IDH médio, são exemplos: China, Índia, Paquistão, África do Sul, Paraguai, Marrocos, entre outros.

Casas no morro, no Haiti.

Os países com as piores condições de vida apresentam IDH baixo, são exemplos: Bangladesh, Iêmen, Afeganistão, Papua Nova Guiné, Serra Leoa, Níger, República Democrática do Congo e Zimbábue.

### ATIVIDADES

**1** O que é o PIB?

**2** O que é renda *per capita*?

**3** Por que a renda *per capita* não é um indicador suficiente para se compreender a real situação socioeconômica de um país?

_____
_____
_____

**4** Calcule a renda *per capita*, de acordo com os dados a seguir:

Moçambique:
- População absoluta: 19 200 000 habitantes
- PIB: 3 500 000 000 de dólares

_____
_____
_____
_____
_____
_____
_____

**5** O que é IDH?

_____
_____
_____

**6** O IDH do Brasil até 2011 foi:

a) baixo (  )

b) alto (  )

c) muito alto (  )

d) muito baixo (  )

## Países ricos e pobres no mundo atual

Para classificar os países como ricos ou pobres devem-se considerar os critérios quantitativos (PIB e renda *per capita*) e, principalmente, o critérios qualitativos (qualidade de vida da maioria da população). Os termos países "do Norte" e "do Sul" têm um significado socioeconômico. Portanto, não podem ser confundidos com os hemisférios Norte e Sul do planeta, pois existem países ricos no hemisfério Sul, como a Austrália, e países pobres no hemisfério Norte, como o Haiti.

## Países ricos

São considerados ricos os países que apresentam grau mais avançado de desenvolvimento social, político e econômico. São sociedades onde vigora a democracia política, a maioria da população possui bom padrão de vida, evidenciado por indicadores positivos como: IDH muito elevado, elevada expectativa de vida, baixa mortalidade infantil e baixo analfabetismo.

No que se refere à economia, são países industrializados, com agropecuária moderna, predomínio do setor terciário (serviços, comércio e finanças), sendo avançados em ciência e tecnologia.

São países desenvolvidos: Estados Unidos, Canadá, Japão, Austrália, Nova Zelândia e países da Europa Ocidental. De modo geral, os países desenvolvidos são exportadores de produtos industrializados de alta tecnologia e capitais (investimentos produtivos e especulativos, além de empréstimos financeiros) para o restante do mundo.

## Países pobres

Os países pobres são caracterizados pela dependência econômica, financeira e tecnológica em relação aos países desenvolvidos mais importantes. São nações que apresentam grande desigualdade social no interior de seus territórios. Assim, uma parcela significativa de suas populações encontra-se entre a pobreza e a miséria.

Porém, trata-se de um grupo cada vez mais heterogêneo do ponto de vista cultural, histórico, econômico e social. Integram o mundo pobre as nações da África, da América Latina, além da maioria dos países da Ásia e da Oceania. Os países do Leste Europeu e os que surgiram com a fragmentação da União Soviética também pertencem a esse grupo, visto que apresentam problemas sociais, econômicos e políticos.

Os países pobres podem ser hierarquizados. A primeira categoria é dos pobres industrializados (emergentes). Apresentam expressivos parques industriais, setor terciário em expansão, grau tecnológico intermediário e crescimento de seus mercados consumidores devido à redução da pobreza e ao avanço das classes médias. Os cinco mais importantes são os do grupo BRICS: Brasil, Rússia, Índia, China e África do Sul.

Outros emergentes apresentam porte médio e pequeno, a exemplo: Tigres Asiáticos (Coreia do Sul, Taiwan, Cingapura), Novos Tigres Asiáticos (Indonésia, Tailândia, Malásia e Filipinas), Argentina, Chile, México, Turquia, Coreia do Sul, China, Vietnã, Polônia, República Checa, Ucrânia, entre outros.

Coreia do Sul, Cingapura e Taiwan são os países emergentes mais próximos de serem incluídos no mundo rico em razão de fatores como desenvolvimento tecnológico, alta renda *per capita* e bom nível de educação e saúde. Para alguns analistas, já seriam países ricos. Porém, essa não é uma posição consensual.

Seul, capital da Coréia do Sul.

A segunda categoria corresponde a países pobres exportadores de *commodities* (matérias-primas e produtos semi-industrializados com preço cotado em bolsa de valores). Assim, destacam-se fundamentalmente como exportadores de recursos minerais, energéticos e produtos agropecuários. É o caso de Venezuela (petróleo), Bolívia (gás natural), Uganda (café), Costa do Marfim (cacau), Guiné (bauxita), entre outros.

Por fim, existem países pobres periféricos que apresentam muita dificuldade de inserção na economia globalizada. São países que têm dificuldades até para exportar matérias-primas. A maioria de suas populações vive em condição de pobreza extrema, apresentam crises de fome crônica, dependem de ajuda financeira e humanitária proveniente dos países ricos, de organizações como a ONU e de ONGs (Organizações Não Governamentais). Entre os exemplos: Afeganistão, Haiti, Somália.

O mapa a seguir mostra o Índice de Pobreza Humana. As taxas mais elevadas estão nos países pobres periféricos.

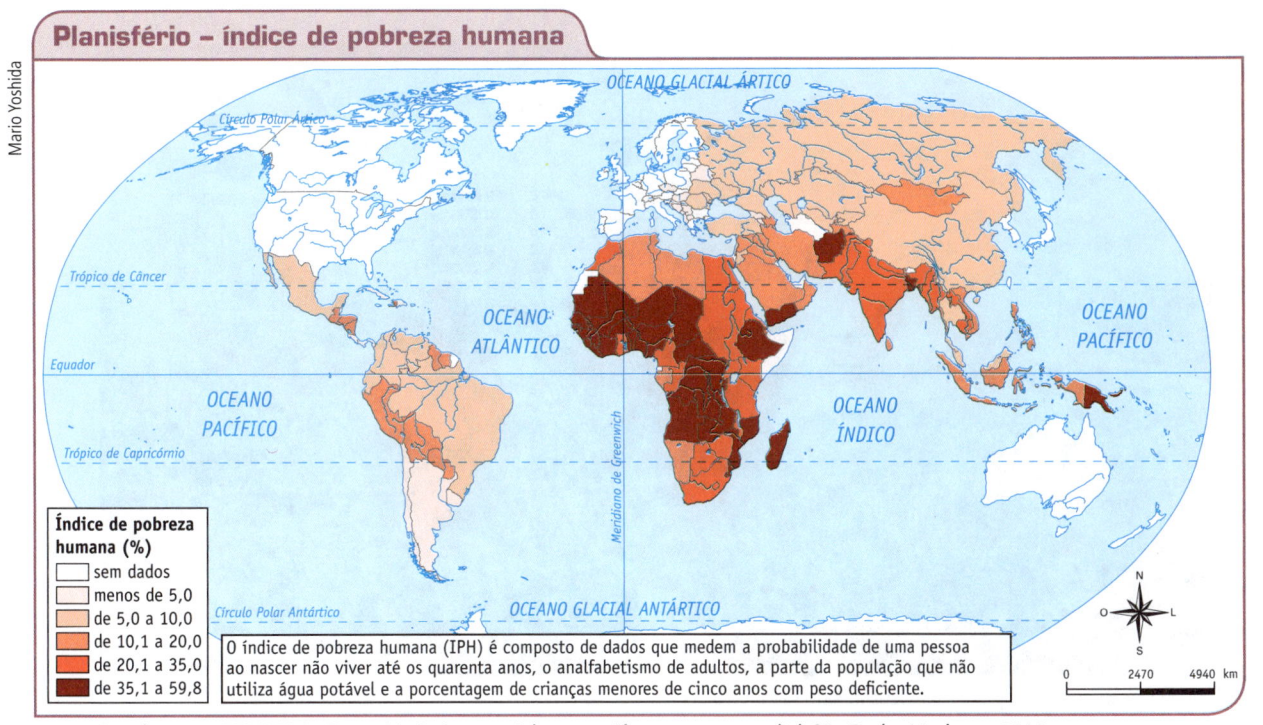

**Planisfério – Índice de pobreza humana**

Índice de pobreza humana (%):
- sem dados
- menos de 5,0
- de 5,0 a 10,0
- de 10,1 a 20,0
- de 20,1 a 35,0
- de 35,1 a 59,8

O índice de pobreza humana (IPH) é composto de dados que medem a probabilidade de uma pessoa ao nascer não viver até os quarenta anos, o analfabetismo de adultos, a parte da população que não utiliza água potável e a porcentagem de crianças menores de cinco anos com peso deficiente.

**Fonte**: Com base em FERREIRA, Graça Maria Lemos. *Atlas geográfico espaço mundial*. São Paulo: Moderna, 2010.

## O G8 e o Forum Social Mundial

O G8 é o grupo que reúne os sete países desenvolvidos com maior PIB, somados à Rússia (por causa de seu poderio geopolítico e militar). Nas reuniões anuais do G8, esses países discutem a situação econômica e geopolítica mundial. Os integrantes são: Estados Unidos, Japão, Alemanha, Reino Unido, França, Itália, Canadá e Rússia. É necessário salientar que o grupo não representa as oito maiores economias do mundo, pois estão de fora grandes economias como China, Índia e Brasil.

O Fórum Econômico Mundial, que acontece todos os anos na cidade de Davos, na Suíça, reúne a elite econômica e financeira mundial, representada por empresários, banqueiros e alguns chefes de governo. O fórum discute os rumos da economia globalizada e também apresenta debates regionais, inclusive na América Latina.

Outra organização importante é a OCDE (Organização para Cooperação e Desenvolvimento Econômico) com sede em Paris, França. A OCDE promove pesquisa sobre a economia mundial e sobre questões sociais como os níveis de educação. É integrada por países desenvolvidos e alguns emergentes. O Brasil recebeu um convite para integrar a OCDE.

Fazendo oposição ao Fórum de Davos e ao G8, desenvolveu-se o Fórum Social Mundial, que costuma ser realizado em Porto Alegre, Brasil. O forúm também já foi realizado em outros países como Índia, Quênia e Venezuela. Esse fórum debate problemas sociais, sendo crítico dos efeitos perversos da globalização econômica liderada pelo capital financeiro e pelas empresas transnacionais. O fórum denuncia a persistência de problemas como a pobreza, a fome, a degradação ambiental e a desigualdade.

O Fórum Social debate soluções na perspectiva de uma globalização alternativa com base na cooperação, isto é, na troca de experiências e na solidariedade entre as populações excluídas da globalização. Costumam participar do fórum: cientistas, estudantes, partidos políticos e ONGs.

Manifestação no Fórum Social Mundial em Porto Alegre, 2001.

## ATIVIDADES

**1** Cite duas características dos países ricos e três países ricos de diferentes continentes.

_____
_____
_____
_____

**2** Cite duas características dos países pobres e três países pobres de diferentes continentes.

**3** Cite três características dos países mais pobres.

**4** Cite duas características dos países emergentes.

**5** Qual é a diferença entre os fóruns de Davos (Suíça) e de Porto Alegre (Brasil)?

_____
_____
_____
_____

**6** Quais são os membros do G8?

_____
_____
_____
_____
_____
_____
_____

## Migrações internacionais

As desigualdades entre países ricos e pobres têm feito crescer as migrações internacionais nas últimas décadas. O fluxo mais importante é o de mão de obra barata que sai dos países subdesenvolvidos em direção aos países ricos como Estados Unidos, Canadá, Austrália, Japão e nações da Europa Ocidental. Há também fluxos para nações do Oriente Médio, exportadoras de petróleo, a exemplo dos Emirados Árabes Unidos.

Os migrantes são trabalhadores que buscam emprego e melhores salários. Trabalham em ocupações que os habitantes dos países ricos costumam rejeitar. São trabalhadores domésticos, entregadores de *pizza*, pedreiros, taxistas, garçons, babás, lavadores de prato e lixeiros. Esses migrantes abandonam seus países de origem por causa da insuficiência de empregos, dos baixos salários e da pobreza.

Alguns imigrantes juntam dinheiro e retornam aos seus países de origem. Outros acabam se fixando no país receptor. Alguns fluxos são motivados por aspectos culturais e pela proximidade geográfica. É o caso da migração de mexicanos em direção aos Estados Unidos, a de marroquinos para França e Espanha, a de brasileiros para Portugal.

Manifestação de imigrantes sem documentos em Paris, França.

164

Também cresceu a migração de mão de obra altamente qualificada, formada por cientistas e tecnólogos, dos países subdesenvolvidos em direção às nações desenvolvidas. A perda de trabalhadores qualificados causa prejuízos aos países. Por vezes, cientistas e pós-graduandos que se aperfeiçoam no exterior acabam não encontrando boas oportunidades de emprego em seus países de origem. Por isso, acabam optando por ficar nos países desenvolvidos onde as condições de trabalho e os salários são muito melhores.

### Emigrantes brasileiros

O fluxo de emigrantes brasileiros em direção a outros países cresceu a partir do final da década de 1970, em razão da crise social e econômica. Calcula-se que cerca de 2 milhões de brasileiros tenham deixado o país para trabalhar no exterior. Os principais polos de atração de brasileiros são: Estados Unidos (1 milhão de brasileiros), Paraguai (450 mil), Japão (225 mil), além de nações como Canadá, Portugal, Itália, Espanha, Alemanha, França, Reino Unido e Suíça.

O principal polo de atração são os Estados Unidos, onde os brasileiros moram em metrópoles como Boston, Nova York e Miami. No caso europeu, muitos brasileiros migram para nações que apresentam afinidade quanto à cultura e à língua, caso de Portugal.

Já os brasileiros que migraram para o Japão são em sua maioria descendentes de japoneses ou com parentesco, lá denominados de decasséguis. A maioria dos decasséguis trabalha na indústria em atividades classificadas pelos japoneses como: kiken (perigoso), kitsui (penoso ou braçal) e kitanai (sujo). Os decasséguis concentram-se em metrópoles como Nagoia e Tóquio e moram em apartamentos minúsculos ou em alojamentos pouco confortáveis nas proximidades dos locais de trabalho. Sofrem com as longas jornadas de trabalho e com as dificuldades de adaptação à cultura e à língua japonesas.

Outro grupo relevante são os brasiguaios, termo utilizado para os brasileiros que migraram para o Paraguai a partir do final da década de 1970. A maioria são sulistas que foram em busca de acesso à terra para trabalhar na agricultura. Os brasiguaios prosperaram e hoje são responsáveis por parte da produção de soja daquele país. Nos últimos anos, acentuaram-se os conflitos fundiários no Paraguai, sobretudo as invasões de terras de brasileiros por sem-terra paraguaios. As invasões e casos de violência fizeram com que muitas famílias retornassem para o Brasil.

Acampamento de brasiguaios que retornaram ao Brasil, 2010.

# ATIVIDADES

| Países com maior número de brasileiros | |
|---|---|
| Países | Total de brasileiros |
| 1. Estados Unidos | 1 000 000 |
| 2. Paraguai | 454 501 |
| 3. Japão | 224 970 |
| 4. Alemanha | 60 403 |
| 5. Portugal | 51 590 |
| 6. Argentina | 37 912 |
| 7. Itália | 37 121 |
| 8. Suíça | 25 880 |
| 9. França | 22 436 |
| 10. Suriname | 20 015 |

Fonte: Ministério das Relações Exteriores do Brasil.

**1** Observe a tabela ao lado e coloque verdadeiro (V) ou falso (F) ao lado das afirmações.

a) Portugal é um país que praticamente não tem imigrantes brasileiros. ( )

b) Os Estados Unidos são o país que mais recebem migrantes brasileiros. ( )

c) O Paraguai é o segundo país com maior número de imigrantes brasileiros. ( )

d) Os brasileiros preferem emigrar para a França e não para a Alemanha. ( )

**2** Interprete o mapa a seguir sobre os investimentos em pesquisa científica e desenvolvimento.

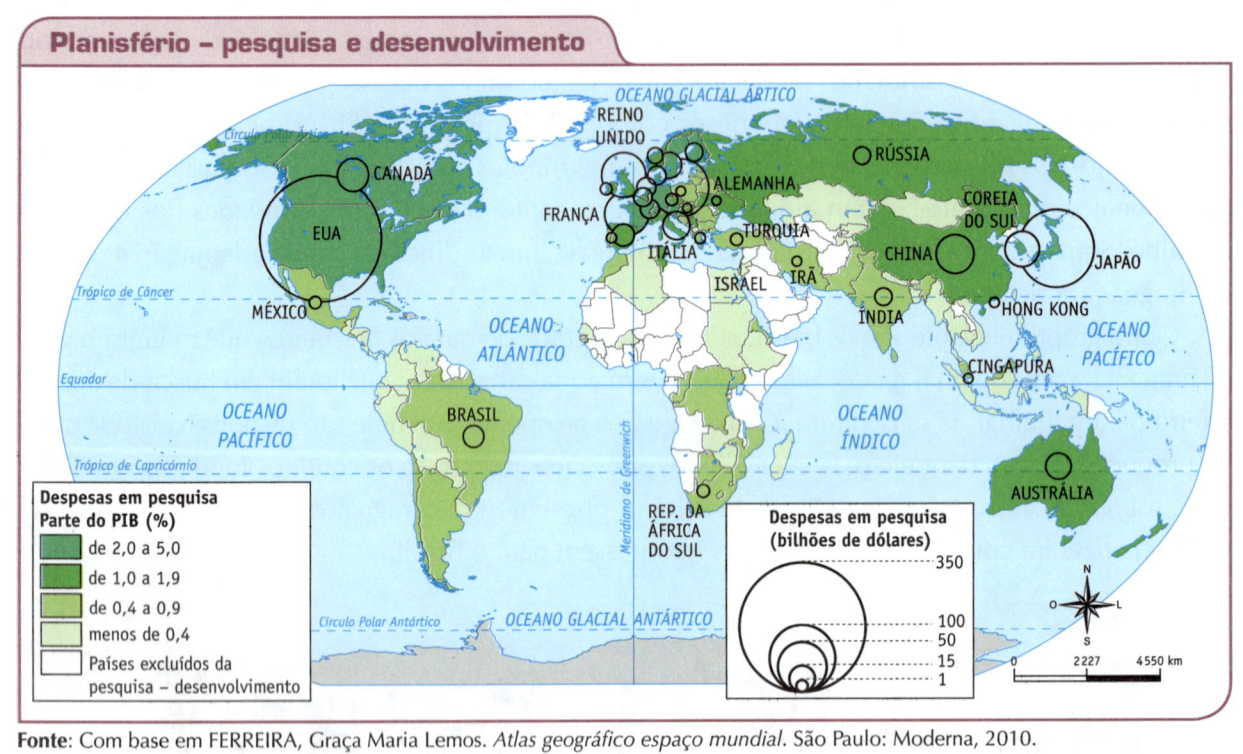

## Planisfério – pesquisa e desenvolvimento

**Despesas em pesquisa – Parte do PIB (%)**
- de 2,0 a 5,0
- de 1,0 a 1,9
- de 0,4 a 0,9
- menos de 0,4
- Países excluídos da pesquisa – desenvolvimento

**Despesas em pesquisa (bilhões de dólares):** 350, 100, 50, 15, 1

Fonte: Com base em FERREIRA, Graça Maria Lemos. *Atlas geográfico espaço mundial*. São Paulo: Moderna, 2010.

**3** Observe o gráfico a seguir. Quais são os países que apresentam índices de crianças com menos de 5 anos de idade abaixo do peso superiores a 30% e a taxa de mortalidade infantil superior a 200?

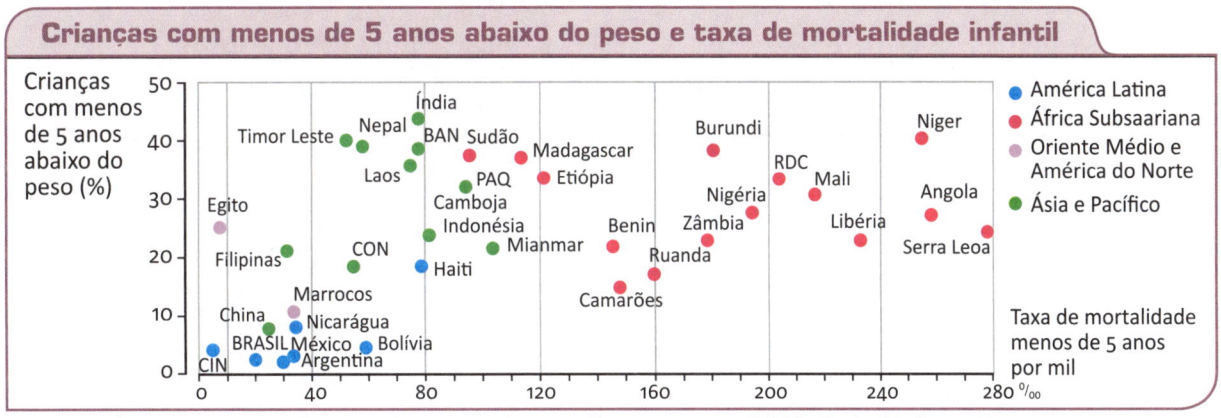

**Crianças com menos de 5 anos abaixo do peso e taxa de mortalidade infantil**

- América Latina
- África Subsaariana
- Oriente Médio e América do Norte
- Ásia e Pacífico

Fonte: Com base em FERREIRA, Graça Maria Lemos. *Atlas geográfico espaço mundial*. São Paulo: Moderna, 2010.

_____
_____
_____

**4** Mencione cinco países onde mais de 50% da população vive com menos de 1,25 dólar por dia.

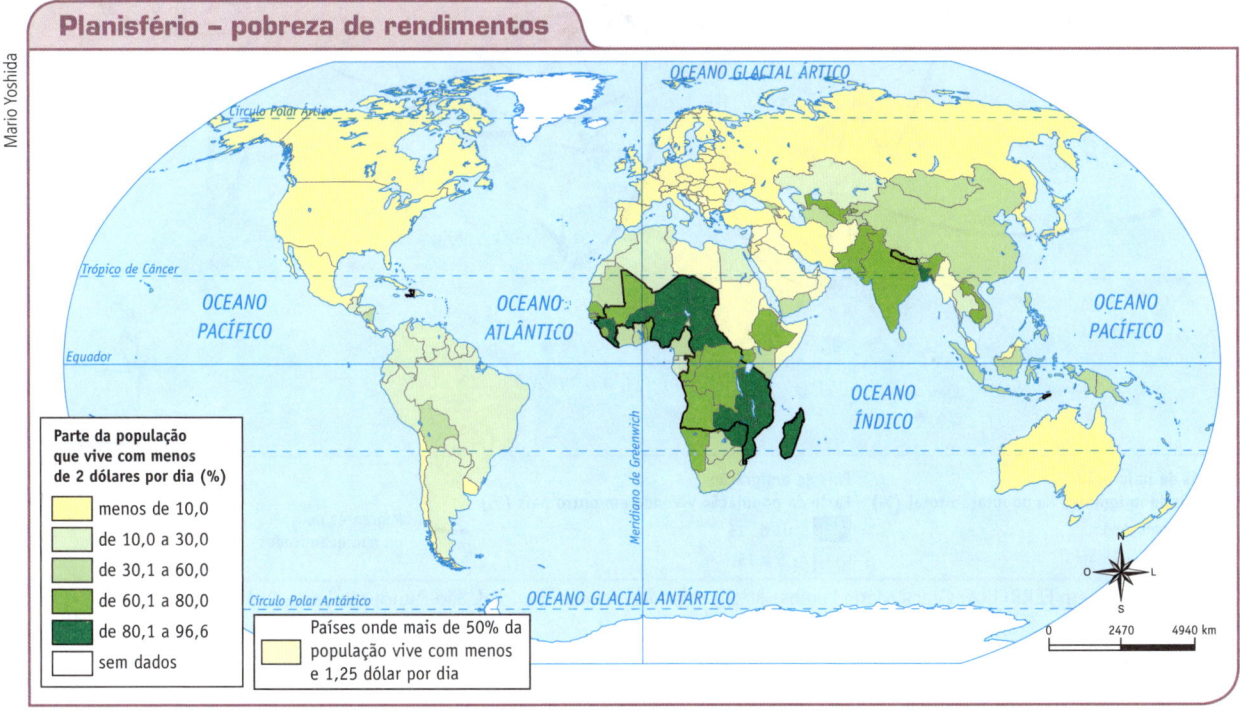

**Planisfério – pobreza de rendimentos**

Parte da população que vive com menos de 2 dólares por dia (%)
- menos de 10,0
- de 10,0 a 30,0
- de 30,1 a 60,0
- de 60,1 a 80,0
- de 80,1 a 96,6
- sem dados

Países onde mais de 50% da população vive com menos e 1,25 dólar por dia

Fonte: Com base em FERREIRA, Graça Maria Lemos. *Atlas geográfico espaço mundial*. São Paulo: Moderna, 2010.

_____
_____
_____

**167**

**5** Interprete o gráfico sobre os fluxos migratórios no mundo. Selecione três países e pesquise o motivo de seu fluxo de migração.

_____

**Evolução do número de imigrantes (1910-2005)**

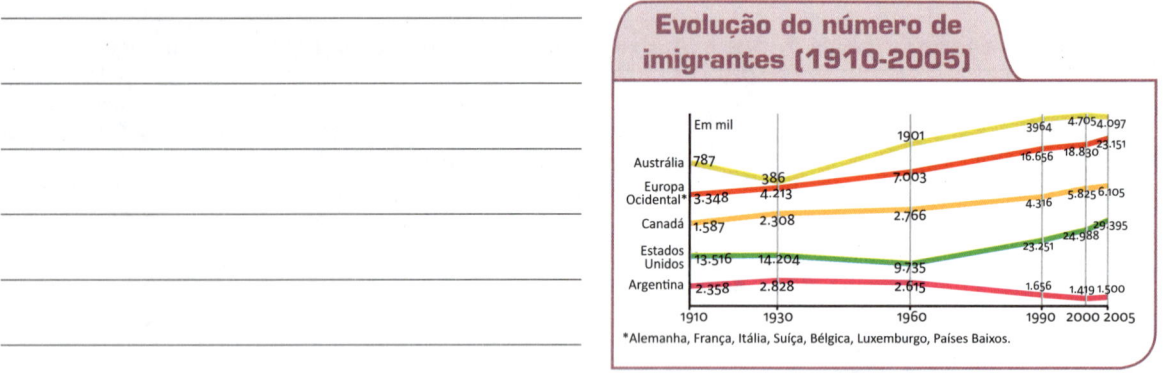

| Em mil | 1910 | 1930 | 1960 | 1990 | 2000 | 2005 |
|---|---|---|---|---|---|---|
| Austrália | 787 | 386 | 1.901 | 3.964 | 4.705 | 4.097 |
| Europa Ocidental* | 3.348 | 4.213 | 7.003 | 16.656 | 18.830 | 23.151 |
| Canadá | 1.587 | 2.308 | 2.766 | 4.316 | 5.825 | 6.105 |
| Estados Unidos | 13.516 | 14.204 | 9.735 | 23.251 | 24.988 | 29.395 |
| Argentina | 2.358 | 2.828 | 2.615 | 1.656 | 1.419 | 1.500 |

*Alemanha, França, Itália, Suíça, Bélgica, Luxemburgo, Países Baixos.

**Fonte**: Com base em FERREIRA, Graça Maria Lemos. *Atlas geográfico espaço mundial*. São Paulo: Moderna, 2010.

**6** Elabore um texto sobre os fluxos migratórios no mundo com base na interpretação do mapa a seguir.

**Planisfério – migrações internacionais**

*Mario Yoshida*

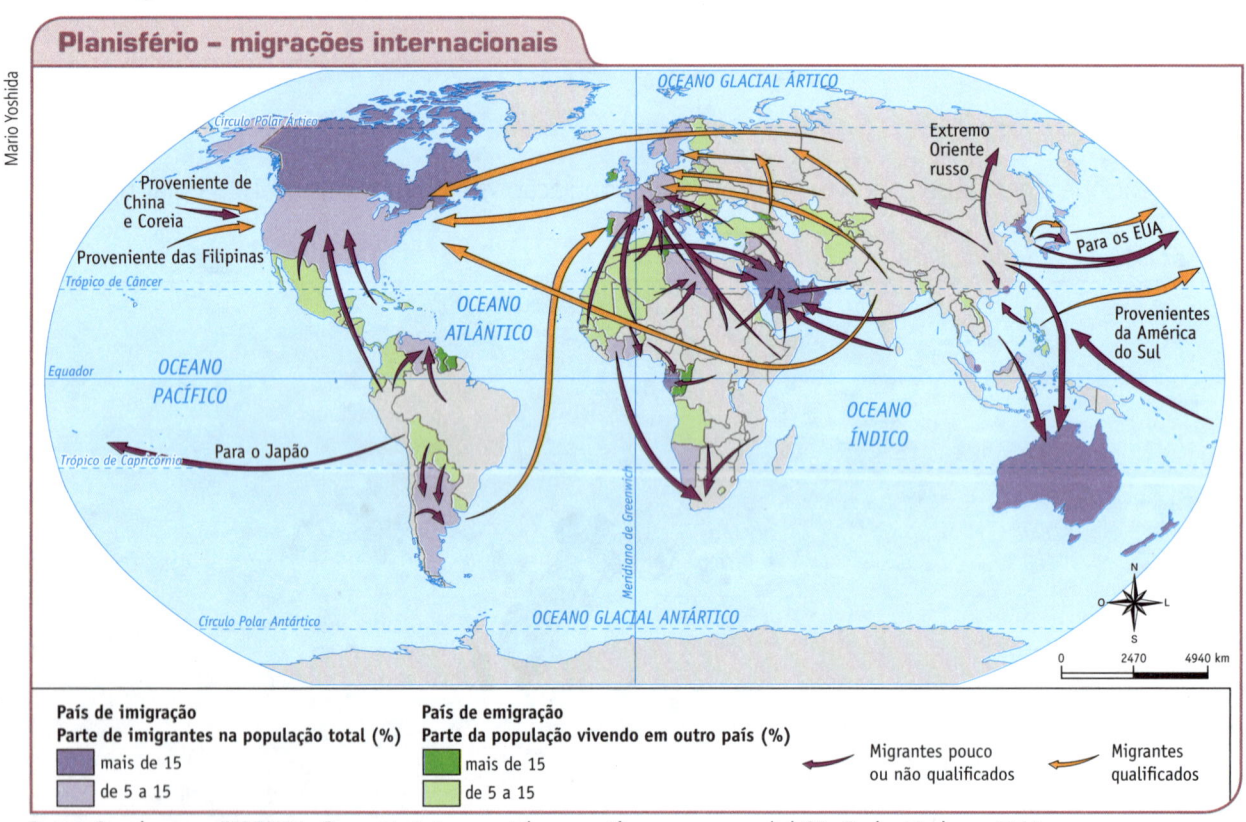

País de imigração — Parte de imigrantes na população total (%): mais de 15 / de 5 a 15
País de emigração — Parte da população vivendo em outro país (%): mais de 15 / de 5 a 15
Migrantes pouco ou não qualificados / Migrantes qualificados

**Fonte**: Com base em FERREIRA, Graça Maria Lemos. *Atlas geográfico espaço mundial*. São Paulo: Moderna, 2010.

_____
_____
_____
_____